# 왜 $x$의 신학인가?

박동환
철학선집 VII

# 왜 $x$의 신학인가?

## 「전도서」 다시 읽기

사월의책

왜 $x$의 신학인가?

1판 1쇄 발행 2023년 1월 5일

지은이 박동환
펴낸이 안희곤
펴낸곳 사월의책

편집 박동수
디자인 김현진

등록번호 2009년 8월 20일 제2012-000118호
주소 경기도 고양시 일산서구 중앙로 1388 동관 B113호
전화 031)912-9491 | 팩스 031)913-9491
이메일 aprilbooks@aprilbooks.net
홈페이지 www.aprilbooks.net
블로그 blog.naver.com/aprilbooks

ISBN 979-11-92092-06-5 94100
ISBN 978-89-97186-64-8 (세트)

* 책값은 뒤표지에 있습니다.

# 차례


**차례를 이끄는 의문과 과제들** 7

**길잡이 1.**

i. 한 새로운 시대의 입문서 13

ii. 신정체제의 마감 15

iii. $x$의 신학을 위한 변호 20

**길잡이 2.**

i. ‘인류세’라는 한 시대 마감의 예고 23

ii. 고도 근시에 갇힌 인류의 관점 28

iii. 사람이 말할 수 있는 필연의 순서란 없다 34

iv. 이 모든 문제를 예고한 B.C.E. 3세기에서 2세기의 설교자 47

**ΣI. 그들이 각기 소속한 시대의 체험 다시 읽기**

i. 「신명기」와 「아모스」에서 53

ii. 「전도서」에서 71

iii. 「마태복음」에서 91

**ΣII. 새로운 시대 앞에 놓인 두 관문**

i. 천국/천명 앞에 선 마음—바리새파 사람과 맹자의 경우 113

ii. 태초의 말씀은 말씀이 아니다—왜 ‘†’ 또는 ‘$\chi$( )’인가? 127

**ΣIII. ‘내 나라’의 혁명가로서 떠오르는 예수** 143

마지막 한 마디
**왜 $x$의 신학인가?** 165

또 하나의 끝없는 이야기
**올가 토카르추크의 '다정한 서술자'와의 만남에서** 171

참고자료 191
찾아보기 195

## 차례를 이끄는 의문과 과제들

이 책의 각 단위 글이 이루어지면서 떠오른 의문 또는 과제들을 그 순서대로 아래에 간추려놓고 있음. (220727)

---

### 길잡이 1.

알렉산더 왕의 동방 원정에서 동서 문명 충돌하는 헬레니즘 시대로

신정(神政) 해체 시대의 체험보고서
& '중간시대'를 건너는 교량역: 「전도서」

야훼(YHWH)의 시대에서 엘로힘(elohim)의 시대로

---

## 길잡이 2.

헬레니즘 시대에 떠오른 '세계화'와 '지역화'의 과제

인간 심리학이 고생물학의 부분으로
& 지구적 시간대에서 우주적 시간대로

고도 근시(高度近視)에 갇힌 철학자들의 시간 단위
vs 그 유일한 대안의 시간/시간대 입문서 「전도서」

추적 불가능한 끝없는 인과관계 $x$
vs 인과관계 밖에서 움직이는 태초의 심판자 $X$

태초의 심판자 앞에서 필연의 순서란 없음

주어 또는 임자말 생략의 동기
& 기다리며 더 듣고자 하는 자 $x$가 태초의 심판자 $X$를 향하는 자세

---

## ΣⅠ. 그들이 각기 소속한 시대의 체험 다시 읽기

### ⅰ. 「신명기」와 「아모스」에서

이스라엘의 하느님 '야훼'의 출현 내력
야금(冶金)에 종사하던 족속들이 함께 섬기던 신

변화 이동하는 역사의 시간 가운데서 움직이는 신 '야훼'

## ii. 「전도서」에서

'야훼'의 시대에서 '엘로힘'의 시대로: 그 불연속성

덧없이 토막 나는 시간의 것들과
그것들의 영원한 심판자: 그 단절의 관계

헬레니즘 시대 개개인에 떠오른 내면 의식
곧 자아의식: 그 세계화의 과제

## iii. 「마태복음」에서

헬레니즘과 유대 전통의 '세계화'와 '지역화'에 대한 예수의 메시지

: 가난한 심령에 천국이 임하는

: 부재화(不在化)로써 초월하는

: 헛되이 토막 나는 인생의 시간이 시간의 영원한 심판자에 합류하는

---

# ΣII. 새로운 시대 앞에 놓인 두 관문

## i. 천국/천명 앞에 선 마음

맹자, 왕양명의 자아 수양론과 바리새파의 자력(自力) 자만(自滿)

"絶四. 毋意, 毋必, 毋固, 毋我."로써 천명(天命)을 기다림
& '심령이 가난한 자' '마음이 청결한 자' '화평케 하는 자'가
천국을 맞이함

자아 중심의 관점에서 해방되는 길

## ii. 태초의 말씀은 말씀이 아니다 — 왜 '†' 또는 '𝒳( )'인가?

태초의 말씀 멤라(Memra) 𝒳 곧 만물의 창조와 역사(役事) 행위

태초의 기억 한 조각 $x$의 재연(再演) 또는 육화로써 개개의 생명이

대상화 또는 개념화할 수 없는 태초의 말씀 멤라(Memra)
vs 인류의 개념 분석과 범주 체계에 따라 움직이는 말씀 로고스(λόγος)

---

## Σ III. '내 나라'의 혁명가로서 떠오르는 예수

헬레니즘 시대에 예수의 '내 나라' 혁명이
& 참 '세계화'는 바울의 선교 활동 아닌 예수의 메시지에서

깨어난 자아의식에서 청결한 마음( )으로
& 자아의 부재화(不在化) 곧 𝒳( )에서 천국이

'무아'(no-self)에서 '자아-아님'(not-self)으로
& '자아' '나'라는 언어적 허구

마지막 한 마디
**왜 $x$의 신학인가?**

(미지, 무지, 어둠 속에 잠긴) 영원의 한 조각 분신 $x$
vs (정체를 드러내지 않고 움직이는) 영원의 심판자 $X$

행위의 주체성을 양도한 객체 $x$
vs 모든 행위의 숨은 절대 주체 $X$

또 하나의 끝없는 이야기
**올가 토카르추크의 '다정한 서술자'와의 만남에서**

제3지대에서 떠오르는 세계관
& 다정한 서술자의 시선과 그의 연결망

인류 최선의 방법론과 그에 따르는 세계의 연결망
vs 언제나 그 밖에서 펼쳐지는 소멸과 초월의 시간대

## 길잡이 1.

i.

### 한 새로운 시대의 입문서

여기서 나는 한 방면의 공부를 이어가는 사람이라면 누구나 꺼리는 자기 반복의 순서에 따라서 이야기를 시작하고 있다. 그런데 그렇게 할 수밖에 없는 이유도 있다. 첫째로 자신이 이미 오랫동안 펼쳐온 생각을 바탕에 놓고, 어떻게 2,000년 그리고 다시 200년도 더 지난 과거의 한 텍스트를 새롭게 자리매김할 수 있는지를 찾고 있기 때문이다. 둘째로 지금의 사정으로 보아서는 다른 누구도 그리고 앞으로도 저 순서에 따라 이 일을 대신해 줄 이가 있기 어려우리라는 생각을 하기 때문이다. 그 일은 다음과 같이 요약할 수 있다.

어째서 고대 이스라엘 역사에서 유래하는 『구약』의 「신명기」와 「아모스」가 전하는 '땅 위의 인생에 역사(役事)하시는 하느님 야훼(YHWH)'의 이야기가 그 이후 「전도서」에 이르면 믿을 수 없는 헛된 빈말로 되어버리는가? 그래서 「전도서」의 설교자 코헬렛은 '역사하시던 하느님은 지금 어디에 무엇을 하고 계시는가?'라고 쉼 없는 의문과 항의를 던진다. 그렇게 의문과 항의를 펼치는 가운데 그의 설교는 차츰 인생과 자연 그리고 다시 시간과 영원의 관계를 묻는 철학적 담론으로 변한다.

이렇게 구약의 시대를 마감하는 「전도서」의 설교자는, 다시 그때로부터 한 200여 년이 지나 나타난 새 시대의 메시아 예수의 신약 메시지에 이르기까지, 중간역 이른바 '중간시대'[1]를 건너는 교량 역할을 하고 있다. 그런데 이 중간시대에 일어나는 인생과 자연, 시간과 영원에 관한 숱한 철학적 의문들은 지금 21세기에도 여전히 풀리지 않는 삶의 수수께끼로서 각자가 선택하는 미래의 진로를 헷갈리게 하고 있다. 왜냐하면 설교자가 살았던 B.C.E. 3세기에서 2세기 즈음에 그리스 출신 알렉산더 왕의 동방 원정으로 말미암아 이스라엘 민족은 그들의 전통 해체 과정에서 심한 좌절과 혼돈을 겪었는데, 그때보다 더 심한 지구 범위의 문명 해체와 혼돈의 격류 가운데서 지금 온 인류가 또 하나의 '중간시

---

**풀이말**

1) 고대 유대교와 초기 기독교에 관한 저술가인 마르틴 헹엘 교수(1926-1992)는 『유대교와 헬레니즘』 가운데의 장(章) "전도서와 유대 종교 위기의 시작" 그리고 마지막 "요약"에서 '중간시대'에 대해 「전도서」가 품고 있는 의미를 다음과 같이 정리하고 있다.

"'전도자'는 두 시대의 경계에서 기로(岐路)에 서 있다. 초기 헬레니즘의 정신적 위기의 영향 아래에서 한편으로 그는 자신의 비평적 사고에 의하여 전통적 지혜와 여기에서 전수된 경건과 종교 제의에서 더 이상 의미를 찾을 수 없었다."(70쪽) "죽음 앞에서 모든 인간의 가치는 회의적이다. 하나님과의 개인적 관계는 하나님이 자신에게 할당해 주신 '몫'을 순종적으로 받아들이는 것으로 축소된다. 기도와 종교 제의는 공허하고도 전통적인 형식이 된다."(423쪽) 마르틴 헹엘, 『유대교와 헬레니즘 2.』 박정수 옮김. 파주, 경기: 나남, 2012.

대' 곧 전통 붕괴의 시대를 통과하고 있기 때문이다.

21세기의 오늘 인류가 겪고 있는 지구 범위의 문명 해체와 혼돈의 과정은,「전도서」가 그때 품고 있었던 '해체 시대'의 의문과 과제를 더 격화된 수준에서 추체험(nach-erleben) 아니면 재학습하도록 다그치고 있는 듯하다. (211224)

## ii.
## 신정체제(神政體制)의 마감

왜 2,000년 그리고 200년도 더 지난 과거의 한 설교자가 풀어놨던 의문과 항의가 여전히 문제인가?『구약』의「신명기」와「아모스」에서 보듯 그때의 하느님 야훼가 정치와 인생 모든 방면으로 행사하던 이른바 신정체제(神政體制)[2]가 희미해진 다음「전도서」가 전하는 시대 체험을

---

2) '신정체제'라고 일컬을 만한 한 시대의 지배 체제가 고대 중국 문명의 발상지에서도 이루어졌음이, 그 발상지인 은허(殷墟)에서 발굴된 숱한 갑골문(甲骨文) 사례들에 의해 확인되고 있다.

"지금까지 발견된 갑골 문례의 대부분은 B.C.E. 14세기 초엽 商의 도읍을 殷으로 옮긴 盤庚(B.C.E. 1385-1371) 또는 (그 자료로써 정확하게 말할 수 있는 것은) 武丁(B.C.E. 1339-1281)으로부터 殷이 멸망하는 때인 帝辛(紂)에 이르기까지 이루어진 점복 행사의 기록이다. 왕실에서 집행하는 일에 관련된 거의 모든 중요한 사항—예를 들면, 邊方의 부족들과의 전쟁; 왕이 친히 나서는 순찰, 정벌, 사

거쳐 오늘에 이르기까지도, 사람들이 인생과 자연에서 체험하는 순간 순간의 덧없는 단절과 영원의 끝없는 흐름, 쉼 없이 소멸하는 땅 위의 것들과 그것들을 심판하는 초월의 존재 사이에 어떤 관계가 있는가 아니면 아무런 관계도 없는가? 이렇게 다가오는 의문 또는 삶의 수수께끼를 피할 수 없기 때문이다.

20세기의 신학자 카를 바르트(1886-1968)는 예수가 하늘나라에서 땅의 나라로 내려온 수직적 행위를 십자가 †가 상징하는 사건으로서 이렇게 풀이했다.

> "예수 그리스도. 이 이름 안에서 두 세계가 만났다가 헤어지는데, 이는 기지[땅 위의 것들]의 것과 미지[초월의 존재]의 것 두 개의 차원이 교차하는 사건이다. … … 기지의 수평 세계를 향해 미지의 존재가 위로부터 수직으로 가로질러 내려오는 것이다."(pp. 29-30)[3]

그런데 땅 위에서 펼쳐지는 수평의 세계를 향해 수직으로 가로질러 닥쳐오는 격파의 사태는 꼭 어떤 특정한 시점의 역사에서만 일어나는 일은 아니다. 이는 땅 위에서 이루어지는 모든 인생과 자연에 항상 그리

---

냥; 제사의 형식과 택일, 祭物의 선택; 자연의 재해 또는 풍부한 수확의 여부; 열흘(旬) 동안 또는 저녁에 일어날 일의 吉凶禍福—에 대한 점을 쳤다. … 그 가운데서 天神으로서 上帝는 문의와 祈求의 최고 대상이어서 그 많은 文例를 남기고 있다."(89-90쪽) 『안티호모에렉투스』 (초판 2001) 고양, 경기: 사월의책, 2017.

3) Karl Barth, ***The epistle to the Romans***, trans. E. C. Hoskyns, Oxford: Oxford University Press, 1933, 1968.

고 피할 수 없게 닥쳐오는 일반적 사태이다. 이에 관련해 「전도서」의 설교자는 이미 이렇게 말하고 있다.

> "사람이 장래 일을 알지 못하나니 장래 일을 가르칠 자가 누구이랴 바람을 주장하여 바람을 움직이게 할 사람도 없고 죽는 날을 주장할 사람도 없으며"(「전도서」 8:7-8)[4]

> "분명히 사람은 자기의 시기도 알지 못하나니 물고기들이 재난의 그물에 걸리고 새들이 올무에 걸림 같이 인생들도 재앙의 날이 그들에게 홀연히 임하면 거기에 걸리느니라"(「전도서」 9:12)

그렇게 재앙의 날이 임하는 때에도 그때는 아무도 모르게 홀연히 다가오므로, 이는 마치 '바람을 주장하여 바람을 움직이게 할 수 없는' 처지에 놓임과 같다고 하는 것이다. 재앙의 날도 죽는 날도 그리고 땅 위에서 일어날 장래의 모든 일이 피할 수도 통제할 수도 없게 홀연히 격파의 모양으로 다가오는 것이다. 그러므로 땅 위에서 일어날 모든 일을 향해 수직으로 가로질러 다가오는 격파의 사태를, †로써 가리키기보다는 †보다 일반화한 사태에 해당하는 '*X*(~~*x*&¬*x*~~)'에 다름 아닌 '*X*(　)'로써[5] 대표하는 이유가 있다.

---

4) 이후의 이야기에서 끌어들이는 성경의 따온글은 대개 **대한성서공회**의 〈공동번역〉 아니면 〈개역개정〉에 따르고 있는데, 다만 거기에서 따온글이 현대의 한글 말본에 전혀 마땅치 않을 때는 다른 번역 이를테면 **대한성서공회**의 〈새번역〉을 따르기도 했음.

5) 왜 '*X*(~~*x*&¬*x*~~)'에 다름 아닌 '*X*(　)'인가? 아래의 Mette Bundvad, ***Time in the Book of Qohelet***에서 따온글 6) 과 7) 그리고 다시 아래의 ΣII.의 ii. "태초의 말씀은 말씀이 아

이처럼 땅 위에서 한 개체 존재의 일생이 그가 통과해 가는 우주적 시간과 만날 때 체험하는 격파의 사태는, 「전도서」가 보여주듯이 충돌과 단절로 점철되는 관계의 모양을 띤다고 다음과 같이 풀이하는 한 예리한 젊은 신학자가 있다.

> "[「전도서」의 설교자가 보기에] 우주를 관통하는 실재의 시간과 그 시간을 겪는 인간의 체험 사이에는 어떤 호응 관계도 없다. … 개체 존재의 삶은 그 시간이 토막 나 있고 그의 과거나 미래와는 어떤 실질적인 연결도 없다."(p. 187)[6]

> "인간 개인이 경험하는 삶과 우주적 시간의 실재는 긴장 관계에 있다. 인간이 경험하는 시간에는 연속성이 없다. 개인 존재의 유한성은 우주적 시간대에 참여하는 것이 아니라 충돌하는 [또는 단절되는] 관계를 이룬다."(pp. 292-293)[7]

그렇게 땅 위에 일어나는 모든 일은 우주적 시간을 통과하면서 쉼 없이 겪게 되는 단절의 충격을 피할 수도 통제할 수도 없다. 그래서 그가 살아가는 일생의 나날은 아니 매 순간순간은 단절에 의한 충격의 연속이다. 이를 *x*의 존재론에서는 이렇게 정리한다.

---

니다—왜 '†' 또는 '*X*( )'인가?"에서 마디글 3. 참고.

6) Mette Bundvad, ***Time in the Book of Qohelet***. Ph. D. thesis. Submitted to the Faculty of Theology, University of Oxford. 2012.

7) Mette Bundvad, ***Time in the Book of Qohelet***. Ph. D. thesis. Submitted to the Faculty of Theology, University of Oxford. 2012.

"현상계에 몸을 드러낸 한 개체 존재 $x$가 달려가는 곳을 가상으로 추적해 따라가면, 그 길은 모든 것이 결국에 알 수 없는 어떤 영역 ( ) 안으로 소멸해 들어간다. 그리고 그 알 수 없는 어떤 영역으로 인도하는 영원의 진행자 $X$ 그가 누구인지 특칭할 수 없다. 그런데 모든 것이 영원의 진행자 $X$에 의해 격파당해 소멸해 들어가는 사태 곧 '$X$( )'는 미래에 일어나는 일이 아니고 현재의 매 순간순간에 일어나고 있는 일이다."(214쪽)[8)]

"모두가 매 순간에 '소멸하는', 그렇게 '초월당하는' 삶을 산다. 삶 자체가 매 순간순간 '소멸함으로써 초월 당하는' 그렇게 누구든지 소멸함으로써 초월 당하는 운명을 겪으며 산다."(215쪽)[9)]

그러므로 설교자 코헬렛이 품었던 의문 곧 지상에서 덧없이 토막 나는 시간과 그 시간이 토막 난 채 쉼 없이 빠져들어 가는 영원, 그렇게 엮이는 시간과 영원, 소멸과 초월의 관계에 관련한 물음들은, 지금 21세기에도 여전히 모든 인생의 숙제처럼 다가와서 해답을 기다린다.[10)]
(220213)

---

8) 『야생의 진리』 고양, 경기: 사월의책, 2021. 따온글을 부분적으로 고침.

9) 『야생의 진리』 고양, 경기: 사월의책, 2021. 따온글을 부분적으로 고침.

10) 아래의 ΣⅢ. "'내 나라'의 혁명가로서 떠오르는 예수" 참고.

## iii.
## $x$의 신학을 위한 변호

21세기 오늘에 이르러서도 다하지 않은 한 시대의 입문서로서 「전도서」는 우리에게 어떤 과제를 넘겨주는가? 아래의 요약은 한 미미한 소년이 청년기를 거치며 체험하고 학습하는 가운데 다가온 두 갈래의 탐구 과제에 대한 오늘의 정리에 해당하는 것이다.

그 두 갈래 과제의 첫째는 한 개인의 사사로운 철학의 수업 과정에서 부딪혔던 의문으로부터 시작한다. 그의 청년기에 고대 그리스 고전시대와 고대 중국 선진시대에서 출발하는 동서양 철학사를 공부하면서, 소년기에 체험했던 제2차 세계대전과 한국전쟁 이른바 '폐허와 야생의 시대'에 대응할 만한 어떤 철학 또는 철학자도 만날 수 없었다. 그때 우연히 발견한 저 짤막한 단편 「전도서」가 오직 유일한 출구 메시지로서 다가왔었다. 이 단편 「전도서」는, 저 동서양의 철학자들이 전하는 너무나 인간 본위의 처세관과 세계관 말하자면 '고도 근시에 갇힌' 인류의 관점(아래 **길잡이 2.**의 **ii.** 참고)을 벗어나는 새로운 길로 이끄는 나침판과 같은 것이었다.

그래서 그가 수십 년 동안 집중해서 학습해 온 세계철학사의 오랜 전통에 대해 결국에 이렇게까지 말하게 된 것이다.

> "그러므로 이제는 한국철학이든 독일철학이든 프랑스철학이든 영국철학이든 중국철학이든, 그것들은 모두 제각기 소속하는 영토의 사람들

이 자기들끼리 공유하는 다른 '세계'(world)를 그리고 자기들끼리 공유하는 다른 '세계관'(world-view)을 대변하는 것으로 이해하게 된 것이다."(35-36쪽)[11]

이처럼 그들이 제각기 소속하는 특정 세계에 국한된 '지역학'으로 이해한 철학자들의 사상은, 「전도서」의 설교자가 전하는 땅 위의 덧없는 시간의 것들과 그 땅 위의 모든 것들을 휩쓸고 지나가는 영원의 심판자가 관계해서 이루는 우주적 시간대 가운데서 쉼 없이 토막 나는 이런저런 지역 이야기에 지나지 않게 되는 것이다. 그렇게 「전도서」는 21세기에 이르러 유일하게 남아있는 새로운 시대의 입문서로 떠오르고 있다.

그 과제의 둘째로서 아래에 풀어보려는 생각의 바탕에는 '$x$의 존재론'이라는 세계관이 놓여있는데, 이는 땅 위의 덧없는 시간의 것들이 우주적 시간대로 소멸 초월해 들어가는 인생과 자연의 과정을 '사심(私心) 없이' 이해할 수 있게 하는 것이다. 이는 $x$라는 절대 객관을 향한 독선 금지로써 접근하는 자세를 가리키는 것이다.

그래서 대개 동서양 철학의 학습 전통을 이어가는 분들이 던지는 물음 가운데는 '그렇다면 $x$의 사심 없는 절대 객관의 시야를 반영하는 $x$의 우주론, $x$의 자연학, $x$의 인간학, $x$의 처세론, $x$의 수양론 같은 담론도 보여주어야 하지 않겠는가?'라는 항의가 있다. 그러나 수없이 많은 모든 가능한 $x$의 담론을 한 발제자에게 기대하는 그들의 학습 전통 자체

11) 『야생의 진리』 사월의책, 2021.

가 그들이 돌파해야 할 그들 자신의 한계인 것이다. 이는 그들 자신이 소속해 있는 한 우연한 시간대에 갇혀서 그 밖을 내다보기 어려운 처지에 놓여있음이다.

그러나 다만 '$x$의 신학'이라고 할 만한 한 갈래 담론이, 이스라엘 구약 전통의 마감 시대에 이루어진 「전도서」를 배경으로 해서 어떻게 가능한지 여기서 시험해 보고 있다. 그리고 이는 이미 $x$의 역사철학, $x$의 사회학, $x$의 존재론, $x$의 신학 그리고 간간이 $x$의 자연학, $x$의 처세론에 관련해서 각기 개별 담론으로의 발전 가능성을 미미하게나마 타진했던 흐름을 이어가고 있는 것이다.[12] (220405)

12) 『진리의 패권은 사람에게 있는 것이 아니다』(사월의책, 2019)에서 Ⅰ. Ⅱ. Ⅲ. Ⅳ. 그리고 ⅲ. 참고.

## 길잡이 2.

### i.
### '인류세'라는 한 시대 마감의 예고

인류가 20세기를 거치는 시간대에[1] 두 차례의 세계대전과 크고 작은 국지전을 여기저기서 치르면서 지구는 갑자기 모든 영토의 폐쇄체제들이 하나의 정치경제 및 군사작전권으로 엮여 들어가는 한 새로운 세계사의 서막을 맞이하고 있었다.

이는 인류의 서로 다른 국지적 문화와 각기의 고유한 사상이 좌충우돌하도록 만들었고, 드디어 20세기 말에는 이른바 '세계화' 또는 '지구화'(globalization)의 바람이 일상의 모든 방면을 휩쓸어서 세상의 누구도 자신이 소속하는 영토의 관습과 사상에 안주할 수 없도록 그들 각기의 정체성을 흔들어 놓고 있었다. 국제통상과 사업 분야에 종사하는 한 전문

---

**풀이말**

1) 아래의 **길잡이 2.**의 i. "'인류세'라는 한 시대 마감의 예고"는 『*x*의 존재론을 되묻다』(사월의책, 2021)의 **2부** "설명과 답변들"에서 관련 부분을 발췌, 수정 또는 개작한 것임.

가는 21세기에 들어서는 즈음에 이렇게 말하고 있다.

> "세계화(globalization)의 한 주요한 경향은 탈-영토화에 있다. 곧 사회적, 정치적, 문화적 행사가 그들 태생의 지역에서 이탈[탈-영토화]하도록 자극하는 것이다. 그렇게 탈-영토화는 사람들의 자기 정체성을 동요시키고 있다."[2)]

사람들은, 이렇게 20세기에 일어난 지구화 또는 세계화 바람에, 각기 소속하는 태생의 영토와 문화 안에서 안주할 수 없도록 투쟁 아니면 경쟁의 광야로 내몰렸고, 거기서 그들로 하여 제각각 야생에 가까운 생존 전략에 매달리게 했다. 따라서 세계화의 거센 바람은 동시에 모든 당사자 또는 민족으로 하여 각기의 고유한 출구 해법을 찾아 다시금 '재적응'으로서의 지역화를 모색하도록 밀고 간다. 말하자면 '세계화'와 '지역화'는 하나의 동반 현상이다.[3)] (220709)

---

2) Sudhir Kale & Natalina Zlatevska, "Globalization, reterritorialization, and marketing," ***The Journal of Internationalization and Localization***, Vol. 1 (2009), pp. 150-167.

3) 이처럼 세계화의 바람은 모든 당사자 또는 민족으로 하여 새로운 국지적 상황 변화에 대응하는 '탈세계화' 곧 '지역화'를 하도록 밀고 있는 것이다. 말하자면 세계화의 바람을 따라 불가피하게 다시금 지역화를 하는 것이다. 아래의 ΣIII. "'내 나라'의 혁명가로서 떠오르는 예수"의 마디글 3. 참고.

그렇게 세계화와 지역화는 한 흐름의 양면 곧 동반 현상이라는 오랜 역사적 사실을 증언하는 연구 결과도 있다.(1) 그럼에도 21세기에 들어서면서 한 무리의 경제이론가들이 중심이 되어, 이제 세계는 '탈세계화'(deglobalization)의 흐름을 타고 있다고 단순한 견해를 발표하는 경향도 있다.(2)

(1) "두 갈래의 문화 조류가 헬레니즘 시대를 지배하고 있었다. 한쪽에는 개인주

그런데 이 같은 세계화의 바람은 많은 전문이론가가 주장하는 것처럼 최근세 아니면 20세기에 들어서 처음 일어난 사태는 아니다. 「전도서」의 설교자가 살았던 B.C.E. 3세기에서 2세기 즈음에도 지중해 연안에 헬레니즘 시류가 팽만한 당시 동서 문명이 충돌하는 가운데 여러 민족이 그들의 고유한 나라와 문화 전통이 흔들리는 세계화의 바람을 맞이

---

의가 널리 퍼져 있었다. … 광범위한 제국 아래에서 단순한 의무를 수행하는 것 밖에 공적 생활의 즐거움은 있기 어려웠[기 때문이]다. 다른 쪽에는 [동서 문명권을 통합하는 광범위한 세계화 제국에서] 세계 시민주의(cosmopolitanism)가 팽배해서 … 정치적 연합 관계는 [개인적] 친구들 또는 형제적 유대들로 대체되었다."(pp. 10-11) "저항 불가능한 부정의—로마 군대의 행진—에 직면해서 무저항주의를 택한 예수가 취할 수 있는 실행 가능한 정의는 깊은 내면으로 파고들어 심령의 순수함, 동기의 정의로움으로 전환되었다."(p. 146) John H. Randall Jr., ***Hellenistic ways of deliverance and the mking of the Christian synthesis***. New York: Columbia University Press, 1970.

(2) "최근에 이르기까지 우리의 경제체제는 점진적으로 세계화가 진행되어서 상품과 인재들이 국경을 넘나드는 교류가 대폭 증가해 왔다. 이런 경향은 EEA(유럽 경제 지역), NAFTA(북미 자유무역 협약), ACFTA(아세안-중국 자유무역 지역)에서처럼 자유무역의 영토를 확장하는 데서 두드러지게 나타나고 있었다.

그러나 요즘에는 이 같은 경제 세계화에 대항하는 정치적 조치들이 나타나고 있다. 이러한 추세를 반영하는 현상으로서 [영국이 유럽 연합에서 탈퇴할 것인가를] 'Brexit'로써 묻는 영국의 국민 투표(2016), [국제 협약보다는 미국의 이익을 우선시하겠다는] 도널드 트럼프의 미국 대통령 당선(2016) 같은 사례를 들 수 있다. 이 같은 사례들은 탈세계화 과정이 전 세계에서 진행되고 있음을 보여준다. 지역의 경계를 세우고 그들의 시장을 보호하기 위한 규제들이, 세계화 과정에서 이루어졌던 규제 완화가 폐기되었던 반대쪽에서 논의되기 시작했다." Balsa-Barreiro, J., Vié, A., Morales, A.J. et al. "Deglobalization in a hyper-connected world," ***Palgrave Commun*** 6, 28 (2020). https://doi.org/10.1057/s41599-020-0403-x.

하고 있었다.

따라서 그 이후에 등장하는 예수의 메시지는 당대에 팽만한 세계화의 물결을 타고 유대 민족을 넘어 온 세계를 향하고 있었던 것이다.

그러나, 인류는 아직 저렇게 크거나 작은 범위의 세계사적 변화와 이동에 대응하는 미래 전망으로서 '지구적 시간대'를 품은 자아 존재의 인식과 세계관에 이르지 못하였다. 이 지구적 시간대는 지질학적 시간대에 그리고 다시 영원에 다름 아닌 우주적 시간대에 합류 회귀하는 것이다.

지금은 어떤 시대인가? 지금 인류가 당면한 이른바 '인류세'(the Anthropocene) 아니면 '여섯 번째의 멸종'(the sixth extinction)[4] 가능성을

---

4) 우리들이 지금의 인류일 수 있게 하는 자격 조건들 곧 제작하고 소비하고 통치하는 온갖 창조적 발상 능력들을 열거하면, 바로 그것들이 이제는 오히려 인류가 살아남을 여지를 박탈하고 있는 것이라고 다음과 같이 경고한다.

"쉬지 않는 근면성, 창조성, 문제를 해결하고 복잡한 과업을 성취하기 위한 협동 능력, 이런 특성들이 바로 우리들로 하여금 인간이게 하는 그런 조건들이다. [그러나 모든 가능한] 신호와 기호를 사용해서 자연의 세계를 해석하기 시작했을 때 인류는 그들의 세계가 견딜 수 있는 한계를 초과해 버린 것이다."(p. 266) Elizabeth Kolbert, ***The Sixth Extinction: An Unnatural History***, New York: Henry Holt & Co., 2014.

"인간은 마치 해변의 모래밭에 그려 놓은 얼굴처럼 휩쓸려 사라질 것이라고 장담할 수 있다. 그러나 인류세에서 보는 '인간'의 운명은, 사라지는 데 있는 것이 아니고 오히려 그는 암석에 영원히 보존되는 불멸의 존재로서 남는 데 있다. …… 앞으로 있을 대대적인 멸종 사태는, 화석으로 기록되어 남겨질 것이다."

앞에 놓고서도, 그들의 생명 아니 자아 존재가 처해 있는 시대/시간대 인식은 여전히 각기의 폐쇄된 안일한 공간 안에 갇혀 있다. 여기서 우리는 다시금 20세기의 인류학자 클로드 레비스트로스의 경고 같은 짤막한 한 마디를 돌이켜볼 필요가 있다.

"세계는 인류가 없이 시작했고 다시 인류가 없이 끝날 것이다."[5)]

그래서 고대 이스라엘에서 『구약』의 시대가 마감하는 때에 이루어진 「전도서」를 가장 참고할 만한 유일한 대안의 철학 교과서로 한 학습자가 받아들였던 이유는 다음 두 가지에 있었다. 거기에는 고대 그리스 철학이나 중국의 선진(先秦)시대 사상에서는 발견할 수 없는 절박한 위기의 역사의식 곧 기존의 질서가 무너지며 변화 이동하는 '시대/시간대'의 흐름이 새겨져 있다. 다른 하나는 그렇게 변화 이동하는 시간대를, 그들이 신앙하던 『구약』의 신정체제(神政體制)가 붕괴하고 그러나 아직 다음 시대에 대응하는 인생관 또는 자연관에는 이르지 못한 폐허의 원점, 개벽의 원점으로 인식하도록 다그치고 있다는 것이다.

그렇게 「전도서」는 동서양 철학사에 등장하는 어떤 텍스트보다 통렬한 위기의 시대 의식을 가지고, 다시금 21세기 인류 문명이 통과하는 지구

---

B. Szerszynski, "The end of the end of nature: The Anthropocene and the fate of the human," ***Oxford Literary Review***, Vol. 34 no. 2 (2012). 165-184.

5) Claude Levi-Strauss, ***Tristes Tropiques***, trans. J. Weightman & D. Weightman. Penguin Books, 1973, 2012. p. 413. 그리고 『야생의 진리』 Σ2.의 붙임 1. "클로드 레비 스트로스: 박제화된 시간의 파도" 참고.

적 시간대가 영원에 다름 아닌 우주적 시간대에 합류 회귀하는 장구한 운명의 과정을 내다보게 한다.[6) ](220406)

## ii.
## 고도 근시에 갇힌 인류의 관점[7)]

생물학 교수이자 가톨릭 사제이기도 했던 울리히 하우버(1885-1956)는 일찍이 동물의 생태를 설명하는 그의 책 마지막 한 장(章)에서 인간의 심리와 지성을 일반 동물의 것보다 발달 정도가 높은, 그러나 같은 유의 생명 특징으로 이해하고 있었다.[8)] '인간 심리학'을 '동물학' 때로는

6) "[「전도서」의 설교자] 그는 '어둠' '무지' '미지'로 가려져 있는 저 영원의 시나리오를 향해 의문과 항의를 쉽 없이 던지는 그 시대의 치열한 탐구자였다. 그렇게 그는 21세기 오늘에도 우리가 맞이하고 있는 온 지구적 위기 곧 또 하나의 중간시대에 영원을 향한 탐구자로서 일을 여전히 수행하고 있다." 아래의 **길잡이 2.**의 **iv.** "이 모든 문제를 예고한 B.C.E. 3세기에서 2세기의 설교자"에서 따옴.

7) 아래의 **길잡이 2.**의 **ii.** "고도 근시에 갇힌 인류의 관점"은 『*x*의 존재론』(사월의 책, 2017)에서 관련 부분을 발췌, 수정 또는 개작한 것임.

8) "우리는 어째서 인간 이성(human reason)과 비슷한 심령적 과정이 동물에게 있고, … [그럼에도 그것이] 어째서 어떤 것이든 인성과는 같지 않은가라는 까닭을 이해하기 위하여 사람의 지능작용과 동물의 지능작용을 비교 연구해 본다는 것도 필요한 것이다. 그러나 그 두 종류 사이에는 정도의 차이가 있을 뿐 한 종류에 속하는 것이다."(541쪽; p. 358) "이러한 설명은 추상적인 관념, 원인과 결

'고생물학'(paleontology)의 한 부분으로 포섭하여 이해하는 그의 관점을 처음 만났을 때 그것은 상상 밖의 신선함으로 다가왔다. 이 관점에 따르면, 칸트가 일컫는 '순수이성' 또는 철학자들이 흔히 말하는 인간의 이성이라는 것은, 수백만 년 때로는 수십억 년을 거치며 펼쳐지는 생명의 장구한 역사 가운데에 나타난 일시적 변이 현상으로 볼 수밖에 없었다.

이처럼 수백만 년, 수십억 년을 거치며 펼쳐지는 생명 역사의 과정을 관찰하는 고생물학자들의 시간 척도에 비추어보면, 현재의 생명 형태로서 인류의 지성과 그들의 존재론 또는 인식론을 연구하는 철학자들의 시간 단위와 시야는 '고도 근시'에 가까울 만큼 좁고 짧다는 생각을 벗어날 수 없다. 적어도 수백만 년을 온갖 변화와 격파의 과정을 겪으며 살아남은 생명체인 인류가 참고할 만한 시간관 또는 방향감을, 과연 지난 기껏 6천 년가량의 인류 문명 시대에 갇힌 시야와 텍스트를 가지고 말하는 철학자들의 이야기에서 얻을 수 있을지 돌이켜보면 전혀 그 앞이 내다보이지 않는 것이다.

---

과를 찾아내는 것, 깊이 생각하는 것 또는 자유롭게 선택하는 것과 같은 고등한 지력에 의지함이 없이 개의 행동을 증명하는 데에 적당한 것이다. 개의 행동은 그의 마지막 행동이 추리적인 것에서 이루어지고 있을 때 그것은 사람이 하는 행동과 비슷한 까닭으로 이와 같은 동물의 행동은 추리법을 사용하고 있다고 지금까지 알려져 오고 있다. 그 역(逆)도 진리에 가깝다. 즉 길을 찾는 사람은 꼭 개와 같은 행동을 한다."(542쪽; p. 359) 『기본 동물학』, 강영선 옮김, 서울: 대학교재공사, 1958. Ulrich A. Hauber, ***Essentials of zoology***, New York: Appleton-Century-Crofts, 1949.

그렇다면 현재에 이르기까지 생명이 거쳐 온 파란만장한 운명의 과정들에는 무엇이 관여하고 있었다고 보아야 할까? 인류의 삶 또는 그 삶의 시간대가 펼쳐져 온 몇 천 년, 몇 백만 년, 몇 십억 년 동안의 과정에 관여해온 그 법칙을 무엇으로 대표할 수 있을까? 이러한 의문을 불러일으키는 또 하나의 시간관을[9] 「전도서」의 설교자는 다음과 같이 풀이하고 있다.

> "범사에 기한이 있고 천하 만사가 다 때가 있나니 날 때가 있고 죽을 때가 있으며 심을 때가 있고 심은 것을 뽑을 때가 있으며 … 전쟁할 때가 있고 평화할 때가 있느니라 일하는 자가 그의 수고로 말미암아 무슨 이익이 있으랴 … 하나님이 … 또 사람들에게는 영원을 사모하는 마음을 주셨느니라 그러나 하나님이 하시는 일의 시종을 사람으로 측량할 수 없게 하셨도다"(「전도서」 3:1-11)

그리고 설교자 코헬렛은 이렇게 알 수 없는 영원의 시나리오에 끼어들어 움직이는 '때' 또는 '시간'의 지배자/심판자에 대하여 이렇게 안

9) "시간과 관련하여 유대인과 그리스인의 태도가 보이는 중요한 차이점은 [그들이 말하는] 신의 본성에서 드러난다. 유대인에게 신은 역사 속에서 움직인다. 신은 세계를 창조했다. 그리고 그는 변화하는 역사적 시점마다 아담, 노아, 아브라함, 이삭 등과 계약을 맺었다 …. … 신은 시간 속에서 자신을 드러낸다. 특히 그는 역사적 사건들과 동일시된다: '나는 너희들의 하나님 야훼, 너희들을 애굽 땅에서 구출해낸 하나님이다.'(「민수기」 15:41)" "한 아이가 코츠크의 랍비 메나헴 멘델에게 물었다. '하느님은 어디에 있나요?' 랍비는 대답했다. '그분은 네가 네 안으로 받아들일 때마다 계시지. 어디(where)가 아니라 언제든지(whenever) 말이야.'" Louis H. Feldman, "Hebraism and Hellenism reconsidered," ***Judaism***, Vol. 43, no. 2 (1994), pp. 115-126.

내한다.

"형통한 날에는 기뻐하고 곤고한 날에는 되돌아 보아라 이 두 가지를 하나님이 병행하게 하사 사람이 그의 장래 일을 능히 헤아려 알지 못하게 하셨느니라"(「전도서」 7:14)

"내가 다시 해 아래에서 보니 빠른 경주자들이라고 선착하는 것이 아니며 용사들이라고 전쟁에 승리하는 것이 아니며 … 분명히 사람은 자기의 시기도 알지 못하나니 물고기들이 재난의 그물에 걸리고 새들이 올무에 걸림 같이 인생들도 재앙의 날이 그들에게 홀연히 임하면 거기에 걸리느니라"(「전도서」 9:11-12)

이렇게 「전도서」에는 파란만장한 온갖 변화를 거쳐 가는 인생과 자연에 관여해서 그들의 운명을 좌우하는 초월의 심판자가 있다고 하는 믿음이 있다. 제각기 한 특정한 시간/시간대에 소속한 하늘 아래 모든 것들에 관여해서 그것들의 추적할 수 없는 인과관계에 대하여, 아니면 그런 인과관계 밖에서 움직이는 초월의 심판자에 대하여 말하고 있다. 그러나 「전도서」의 설교자는 그렇게 온갖 모양으로 변화 이동하는 시간대에 소속한 것들에 관여하는 초월의 존재가 어느 전통에 소속하는 누구인지를 특칭하지 않음으로써, 편협한 이스라엘의 선민의식을 받쳐주던 '야훼'(YHWH) 신앙을 벗어난 보편 중립의 초월자 '엘로힘'(elohim)을 떠올리게 한다.[10] 시간과 영원, 쉼 없이 스러져가는 하늘 아

---

10) 알렉산더 왕의 동방 원정의 결과로 펼쳐진 세상 헬레니즘 시대에 구약 전통의 지혜와 신앙에는 엄청난 혼란이 닥쳐왔는데, 「전도서」의 설교자는 그 당대의 현

래의 것들과 그것들을 초월해서 움직이는 심판자가 서로 부딪히거나

상을 크게 두 방면으로 묘사하고 있다. 그 하나는 구약성서에서 전통적으로 설파하는 의로운 자에 대한 보상과 악인에 대한 징벌 규범이 더 이상 세상을 지배하지 않는다는 것이다. 착한 사람이 받아야 할 보상을 악인이 받으며 못되게 구는 자는 아무 징벌도 받지 않고 일생을 편안하게 사는 것을 어디서나 본다고 토로한다. 그는 새로운 시대를 움직이는 새로운 질서의 하느님을 찾고 있다고 볼 수 있다.(1)

다른 하나는 『구약성서』에서 말하는 이스라엘의 고유한 신의 이름인 '야훼'(Yahweh) 곧 '주'(the Lord)라는 특칭이 「전도서」에 이르러서는 등장하지 않는다는 것이다. 당대의 격변하는 시대 상황에서 구약 전통의 편협한 시야를 넘어 하나의 거대한 제국 체제 곧 헬레니즘 시대를 맞이하여 아직 이해할 수 없는 새로운 세상의 질서 가운데서 움직이는 심판자 하느님을 찾고 있다.(2)

(1) "히브리 성서 전체를 특징짓는 「신명기」 신학이, 의로운 사람은 보상을 받고 악인은 처벌을 받는다고 단언적으로 약속하고 있다고 하더라도, 이러한 전부 아니면 전무의 입장은「전도서」의 필자와 같은 사려 깊은 사람의 현실 인식에서 차질을 일으켰다. … … 「전도서」는 전체적으로 볼 때 낙천적인 신앙과 삶의 고달픈 현실 사이의 불일치를 외면하고 있는 순진한 신앙인에게 신학적 비판을 하는 목소리로 여겨질 수 있다. 신앙이 이런 어려운 질문들을 외면한다면, 그것은 신앙이 아니라 경솔한 믿음일 뿐이다." Robert Asa, "The faith of a skeptic: the enigma of Ecclesiastes," ***Journal for the Liberal Arts and Sciences***, Vol. 13. no. 3(2009). http://www.oak.edu/assets/ck/files/Asa+(SU+09).pdf

(2) "「전도서」의 더 주목할 만한 특징은 뜻밖의 침묵이다. 「전도서」는 이스라엘 사람들이 믿음을 서약한 하느님의 이름인 야훼 곧 '주'에 대해 아무런 언급도 하지 않는다. … … 이런 침묵은 무엇 때문일까? 전도자의 논지는 한 독립적인 견해이며 이스라엘이 서약한 믿음의 타당성에 의존해 있지 않다는 것이 그 답일 것 같다. 그는 보편적으로 관찰할 수 있는 사실들에 호소하고 있는 것이지 『구약성서』에 있는 계시에 제한받는 것이 아니다. '나는 깨달았다. … 나는 보았다.'는 전도자가 사용하는 특징적인 표현들이다. … 그는 이스라엘 고유의 역사와 신앙이 가진 차별성에 호소하지 않고, 보편 공통의 근거가 적용되는 [일상의] 범위 안에서 말하고 있다."(pp. 54-55) Michael A. Eaton, ***Ecclesiastes***, Nottingham, England: Inter-Varsity Press, 1983, 2009.

겨루며 엮여가는 역사와 운명에 대한 객관적 관점을 보여주고 있다.

이렇게 설교자 코헬렛은 초월의 경계를 향하여, 인간 본위의 관점에 의해 틀지어진 일상의 범주들과 그에 따르는 추론체계를 폐기해버릴 수밖에 없는 그런 인식의 단계로 이끌고 간다.

그렇다면 그 시작과 끝을 확인할 수 없는 영원의 시나리오에 관여하는 지배자/심판자를 무엇으로 대표할 수 있을까? 그리고 영원의 시나리오 가운데서 순간순간이라는 토막으로서 움직일 수밖에 없는 그래서 다만 종속변수인 인생과 그의 운명은 무엇으로 대표할 수 있는가?

「전도서」에서 하느님이 사람의 마음에 심어놓았다고 하는, 쉼 없이 모든 것을 토막 내버리는 심판자 '영원'에 대하여, 히브리 원본을 주석하는 학자들은 그 대안의 뜻으로 '어둠'(darkness), '무지'(ingnorance) 또는 '미지'(the unknown)를 제시하고 있다.[11] 영원 '그것'을 어째서 '어둠', '무

11) 하느님이 인간의 마음 가운데에 심어놓았다는 영원은, 인간으로 하여 그 자신이 행사하는 일의 시작과 끝을 어둠 속에 두어서 알 수 없게 하는 것이다. 인간은 제한된 시간 가운데에 갇혀있고 모든 시간은 영원 가운데로 빠져들어 가게 만들어져 있다.(1) 따라서 유한의 시간 안에 갇혀있는 인간들은 어둠으로 빠져들어 가는 그곳 영원에 대하여 경외와 공포를 느낀다.(2)

(1) "이 접근법에서 최선의 설명은, 고대 히브리 낱말을 풀이할 때, '영원'이라는 뜻의 낱말을 '어둠'이라는 대안의 낱말로 고쳐서 표현하고 있다는 것이다. … … 이 대안은 하느님이 인간의 마음에 불어넣은 '영원'과 하느님이 하는 일을 깨닫지 못하는 인간의 무능력 '어둠' 사이의 관계에 대하여 더 나은 설명을 제

지' 또는 '미지'로 풀이하고 있는가? (220402)

## iii.
## 사람이 말할 수 있는 필연의 순서란 없다[12]

### 1.

18세기 영국의 철학자 데이비드 흄은 '미래에 어떤 결과를 반드시 가져올 필연의 원인을 찾을 수 없다'라는 회의적 견해를 발표해서 당대의 과학에서 추적하는 불변의 자연법칙을 신봉하는 이들을 놀라게 했다. 인과관계의 필연성에 논리적 근거가 없음을 주장하기에 앞서, 기대하

---

공한다. 이렇게 이해하면 하느님은 사람들이 하느님의 계획을 알 수 없도록 하기 위해 의도적으로 사람들의 지식을 희미하게 가려놓았다는 것이다. … … 따라서 ['하느님이 사람의 마음속에 영원을 심어 놓으셨다.'라는] 이 수수께끼 같은 구절은 "하느님은 사람들의 마음속에 어둠(darkness)/무지(ignorance)를 심어 놓으셨다"로 읽는 것이 가장 좋을 것이다." Brian P. Gault, "A reexamination of 'Eternity' in Ecclesiastes 3:11," ***Bibliotheca Sacra*** 165 (January-March 2008). 39-57.

(2) "… 공포는 천국을 대하는 인간의 합당한 태도이다. 그리고 공포의 한 성분은 경외이다. 그것은 알려져 있지 않고 알 수도 없는 것 앞에서 두려움으로 압도되는 역량이다."(p. 115) James Crenshaw, ***Qoheleth: the ironic wink***, Columbia, South Carolina: The University of South Carolina Press, 2013.

12) 아래의 **길잡이 2.**의 **iii.** "사람이 말할 수 있는 필연의 순서란 없다"는 『x의 존재론』에서 관련 부분을 발췌, 수정 또는 개작한 것임.

는 결과에 배반할 수 있는 무한의 가능성을 상상하기에 흄은 반복하여 이어지는 어떤 두 사건 사이에서도 필연의 고리를 찾을 수 없다고 주장할 수 있었던 것이다.[13)]

인도에서 고대로부터 전해 오는 지혜의 고전 『바가바드기타』에서도 우리는 행동할 수 있는 권리를 가질 뿐 그로부터 기대하는 보상으로서 어떤 결과를 요구할 권리가 없다고 말한다.[14)] 여기서도 어떤 기대하는 결과를 필연적으로 가져다줄 원인을 찾는 것은 불가능할 뿐만 아니라 부당하다는 것을 시사한다.

또한 그러한 기대는 현실의 제약을 받지 않는 무궁한 상상의 뿌리 곧 개체 생명 각각이 그 안에 저장하고 있는 영원의 기억 한 조각 $x$가 발휘할 무궁한 변형, 무궁한 연출 가능성에 어긋나는 것이기도 하다. 이

---

13) "두 개의 대상이 필연적으로 함께 연결되어 있다고 말할 때, 우리가 갖고 있는 필연의 관념은 무엇인가."(Bk I. sec. xiv) "어떤 대상들이 항상 연합하는 것을 관찰한 다음에 우리는 언제나 한 대상으로부터 다른 대상을 추리하곤 하는데, 이제 이런 추리의 본성에 대해 검토할 필요가 있다. … 아마도 결국에는 추리가 필연적인 관계에 바탕을 두고 있다기보다는 필연적 관계가 [연상(聯想)이라는] 추리에 의지하고 있다는 것이 드러날 것이다."(Bk I. sec. vi) David Hume, ***A treatise of human nature***, ed. L. A. Selby-Bigge, Oxford: Oxford University Press, 1888, 1965.

14) "그대에게는 오로지 행하는 권리만 있을 뿐 그 과실[보상]에 대한 권리는 없으니; …." "신의 목적을 기꺼이 이루고자 하는 선한 의지 외에는 고려할 것이 아무것도 없다."(II-47 & note by S.R.) ***The Bhagavadgita***, 2nd ed., trans. & notes. S. Radhakrishnan, London: George Allen & Unwin, 1949.

렇게 무궁한 변형 또는 무궁한 연출 가능성을 깊이 인식한 또 하나의 추론을 「전도서」의 설교자가 펴고 있다.

> "사람이 장래 일을 알지 못하나니 장래 일을 가르칠 자가 누구이랴 바람을 주장하여 바람을 움직이게 할 사람도 없고 죽는 날을 주장할 사람도 없으며 전쟁할 때를 모면할 사람도 없으니"(「전도서」 8:7-8)

> "발이 빠르다고 달음박질에 우승하는 것도 아니고 힘이 세다고 싸움에서 이기는 것도 아니며 … … 사람은 아무도 자기가 죽을 날을 모른다. 모두들 그물에 든 물고기 같고 덫에 치인 새와 같은 신세라, 갑자기 액운이 닥치면 벗어날 길이 없다."(「전도서」 9:11-12)

그렇게 조건으로서의 원인과 그로부터 연출되는 결과 사이에서 우리들이 기대하는 '필연의 순서'는 완전히 무효화(無效化)된다. 많은 경우 결과는 일상의 범위에서 발휘하는 상상 밖에서 일어나기도 한다. 『신약성서』에 등장하는 선교자 바울에 따르면 하느님은 자리가 낮고 무시당하는 것들 곧 '없는 것들'(what is not)을 가지고 '있는 것들'(what is)을 물리치신다고 한다.[15] 이 모든 이야기는 일상의 연결 고리를 끊으며 기대하는 범위 밖에서 세상에 있는 것들을 향해 격파해 들어오는 사태 '$\mathcal{X}$(~~x&¬x~~)' 곧 결국의 '$\mathcal{X}$(　)'[16]를 떠올리게 한다.

---

15) "하느님은 이 세상의 낮은 것들과 무시당하는 것들 곧 없는 것들을 택하여 있는 것들을 폐하시니, 이는 아무도 하느님 앞에서 자랑하지 못하게 하기 위해서다."(「고린도전서」 1:28-29)

16) 아래의 Σ Ⅱ.의 ⅱ. "태초의 말씀은 말씀이 아니다—왜 '✝' 또는 '$\mathcal{X}$(　)'인가?"에

20세기 초에 논리적 원자론을 제안한 버트런드 러셀과 영원회귀를 말한 프리드리히 니체 그리고 2천 수백 년 전에 '자아 없음'(無我: no-self)이 아닌 '자아 아님'(not-self)이라고[17] 설파한 붓다는 무엇을 공유하고 있는가? 그들은 인도유럽어 계통의 문법을 공유하면서도 또한 그에 따르는 세계관 또는 형이상학을 비판 반성하고 있다. 그들은 한 판단에서 주어 자리에 있다고 상정하며 전제하는 그 존재의 실체 또는 정체성에 대하여 의문을 제기하는 데서 일치한다. 그렇게 그들은 자기들 이전으로부터 내려오는 전통의 형이상학에서 말하는 현상 배후의 실재, 그리고 더 나아가 제각각 지닌 자아의 실체성을 모두 거부하고 있다.

고유명사(proper noun)는 세상에 있는 한 특정한 유일의 존재를 가리킨다. 그럼에도 러셀의 논리적 원자론에 따르면 세상에 유일하게 존재하는 한 특정의 것을 가리키는 고유명사조차, 무한의 개별 사례들에 적용 가능한 일반명사(common noun)들에 다름 아닌 술어들로 대체할 수 있다. 이를테면 한 특정한 유일의 존재 '소크라테스'는 '플라톤의 스승' '독배를 마신 철학자' 그리고 '죽음을 피할 수 없는 존재'처럼 계속 일반

---

서 마디글 4.와 5. 참고.

17) 아래의 Σ Ⅲ. "'내 나라'의 혁명가로서 떠오르는 예수"에서 따온 다음의 한 마디를 참고.

"[명멸하는] 현상계에서 찾을 수 있는 [우파니샤드 전통의] '자아'(atman)는 없다는 오랜 가르침이, 시간이 지나면서 사람은 '자아'라는 실체를 갖고 있지 않다는 뜻으로 변질됐다. … [따라서] '무아'(無我 no-self)라는 주장은 붓다의 발언으로 돌릴 수 없다." Alexander Wynne, "Early Evidence for the 'no self' doctrine? A note on the second anātman teaching of the Second Sermon," ***Thai international journal for Buddhist studies***, Vol. I. pp. 59-79.

화하는 명사들 곧 술어들의 조합으로 대체할 수 있다는 것이다.

그렇다면 고유명사에 의해 전제되었던 한 개체존재의 유일한 실재성 또는 주체성은 다만 이런저런 일반적 서술어 또는 술어들의 조합으로 해체되어 버리고 그 자리에는 아무것도 남지 않게 되는가? 진실로 주어가 가리키는 그것의 바탕에는 아무것도 남아있지 않을까?

니체 또한 현상계 배후에 있다고 사람들이 믿는 실체, 영혼, 자아 같은 것은, 인도유럽어 계통에서 술어들을 지배하는 주어 개념에 이끌려 상정된 형이상학적 허구라고 주장한다. 나아가 그는 주어 개념이 가장 미미하게 발달한 우랄알타이 계통의 언어를 사용하는 철학자들은 그런 형이상학적 허구를 갖지 않을 것이라는 추정을 하고 있다.[18]

이렇게 러셀과 니체 그리고 출생의 시대 배경을 전혀 달리하는 인도의

---

18) "실체 개념은 주체[또는 주어]라는 개념에서 추론한 결과이지, 주체 개념이 실체 개념에서 나온 것은 아니다! 우리들이 영혼 곧 '주체'를 포기한다면, '실체'라는 일반 개념의 전제조건은 사라지고 말 것이다."(§ 485) Friedrich Nietzsche, ***The will to power***, trans. W. Kaufmann & R. J. Hollingdale, New York: Vintage Books, 1968.

"인도와 그리스와 독일의 철학적 사유들 사이에 단일한 가족 유사성이 발견되는 이유는 쉽게 설명할 수 있다. … (주어 개념이 미미하게 발달한) 우랄알타이어 지역의 철학자들은 세계를 전혀 다르게 들여다볼 개연성이 매우 높으며, 인도 게르만족이나 무슬림과는 다른 경로를 걸어왔을 가능성이 매우 높다 …." (§ 20) Friedrich Nietzsche, ***Beyond good and evil***, trans. R. J. Hollingdale, Penguin Books, 1973.

붓다까지도 피안의 세계에 상정하는 형이상학적 실재를 인정하지 않는다. 그들은 경험 세계 너머에 있을 수 있는 피안의 실재를 담론의 영역에서 제거해 버린다.[19)]

과연 경험 세계 너머에는 아무것도 없을까? 그렇다면 니체가 추정했듯이 인도유럽어 계통 밖에서는 피안의 실재를 인정하지 않는 형이상학 또는 존재론 같은 것이 있는가? 있다면 그것은 어떤 모양의 형이상학 또는 존재론일까?

## 2.

중국어의 한 이론가는 중국어가 지닌 비(非)-서구어적(西歐語的) 특성을 밝히기 위하여 우랄알타이 계통에 근사한 한국어와 일본어를 포함하는 넓은 공통점에 대하여 말한다. 그는 그런 비-서구어적 공통점을 논의하기에 앞서 중국어, 한국어, 일본어와 극명히 대비되는 인도유럽어 계통의 영어와 불어의 특성에 대하여 정리한다. 영어와 불어는 '문

---

19) "깨달은 자가 죽음 후에 처하는 상태에 대해 붓다가 침묵을 지킨 이유가 바로 여기에 있다고 우리는 믿는다. 그것은 또한 붓다가 두 가지 형이상학의 이론을 거부한 이유도 설명해준다. 그 하나는 아트만(Atman)이라는 개념이고, 다른 하나는 깨달은 자가 죽음 이후에 초월적 단계의 존재에 도달한다는 이론인데, 후자의 단계는 우파니샤드에서 말하는 브라만(Brahman)과 일체가 되는 단계를 말한다. 이렇게 붓다의 침묵은 개념들의 한계보다는 [이러한 형이상학에 대한] 경험주의의 한계 자각에서 온 것이다."(p. 180) David J. Kalupahana, ***Causality: the central philosophy of Buddhism***, Honolulu: The University Press of Hawaii, 1975.

장 주도'의 언어(sentence-oriented language)이기 때문에 주어-술어의 일치를 요구하고 따라서 주어를 생략할 수 없다. 그리고 스페인어나 이탈리아어의 술어는, 이미 생략한 주어의 수와 인칭을 반영 표현하므로 이 언어들도 주어를 완전하게 생략하는 경우라고 볼 수가 없다는 것이다.

그러나 주어-술어의 일치 관계를 가리키는 표지를 갖지 않을 뿐만 아니라 주어를 흔히 생략할 수 있는 중국어, 한국어, 일본어는, '문장 주도'가 아닌 '담론 주도'의 언어(discourse-oriented language)이기 때문에 주어 또는 주제어 생략(Topic NP Deletion)이 허용된다고 그는 풀이한다.[20)]

그럼에도 우랄알타이어 계통의 몇 가지 주요특징을 공유하는 한국말의 주어 생략 동기를, 고립어(孤立語)인 중국어의 주어 또는 주제어 생

20) "… 이탈리아어와 스페인어는 [과거, 현재, 미래를 표현하는 문장의] 주어 자리에서 대명사를 생략하는 것을 허용하는데, 그것은 이들 언어에 동사와 주어의 일치를 표현하는 풍부한 체계가 있기 때문이다. 동사에 의한 일치 방법이 충분히 있기에 생략된 주어의 내용(즉 지시대상)을 언제든 결정하거나 복구할 수 있다. 이와 달리 영어와 불어의 일치 체계는 다소 퇴화되어 있다. 동사로 보여줄 수 있는 일치 방법이 빈약하여 빠진 주어의 내용을 확인하기가 어렵기에, 주어를 대신하는 대명사를 생략할 수 없는 것이다." "중국어는 '담론 주도형' 언어이며 영어는 '문장 주도형' 언어이다. … [이런] 특징은 일본어, 한국어 등에도 충분히 적용할 수 있을 것이다. '문장 주도형' 언어에서는 드러나지 않는 독특한 특징들의 복합구조가 '담론 주도형'으로 분류될 수 있는 언어들에서 나타난다는 사실에서 이런 형태론적 표지를 만들어내는 동기를 찾을 수 있다. 이런 특징들 가운데 하나로 … 담론 주도형 언어에는 문장 전반을 지배하는 주제어 명사구 생략(Topic NP Deletion)의 규칙이 있다는 사실이다." C.-T. James Huang, "On the distribution and reference of empty pronouns," ***Linguistic Inquiry***, Vol. 15, no. 4 (Autumn 1984), pp. 531-574.

략의 동기에 의해 설명하기는 어려운 데가 있다. 말하자면 한국말의 주어 생략은 그것이 담론 주도의 언어이기 때문에 허용되는 것이라고 볼 수 없는 데가 있다.

## 3.

한국말에서 주어 생략의 깊은 동기는 다른 데에 있기 때문이다. 말하자면 한국말에서는 주어 자리에 있다고 상정하며 언급하는 '그것'의 실상 곧 진릿값은, 문장 또는 판단이 끝날 때까지 보류할 수밖에 없기 때문이라고 보아야 한다. 내가 상정하며 언급하고자 하는 '그것'을 미리 토를 박아 딱히 무어라고 명시하는 것은, 기다리며 더 듣고자 하는 자의 말법이 아니다. 기다리며 더 들으려고 다가가는 '그것'은 아직 그 정체를 드러내지 않는 어떤 것 $x$이다.

그래서 한국의 국어학자 허웅은, 한국말의 풀이말은 영어와 같은 [그리고 중국어까지 포함하는] 계통의 경우와는 달리 그 무궁한 형태 변화 가운데서 많은 의도와 관념을 나타낸다고 말하고 있다.[21] 북한에서 문

21) "우리말의 풀이씨 활용은 많은 말본의 관념을 나타내도록 되어 있다. 이를테면 '그분이 가셨겠습니다.'란 월에서 '가셨겠습니다'는 뿌리 '가'에 가지인 '으시' '겠' '습'과 '니다'가 붙어서 한마디를 만들고 있는데, 이로 말미암아, 이 말의 주체인 '그분'을 말할 이가 높이는 일, 이 움직임이 이미 끝났음, 그 끝났음을 추측하는 일, 말할 이가 이 말의 들을 이를 높이고 있는 일, 그리고 말할 이는 들을 이에게 자기의 뜻을 베푸는 데 그친다는 것(대답을 요구하거나 들을 이의 행동을 요구하거나 하지 않음) 따위, 많은 말본의 관념을 나타내고 있다. 영어 같은

장론을 이론화하고 있는 김영황도 주어의 수, 인칭, 성 같은 것으로 술어의 형태를 지배하며 주도하는 영어나 러시아어와는 달리 조선어의 술어는 문장의 맨 끝에 놓임으로 인해서 주어를 비롯한 그 밖의 문장 성분들을 지배하며 주도한다고 말한다. 이렇게 북한의 문법 이론가들도, 주어와 술어 사이의 종속과 주도의 관계가 없는 중국어의 문법으로부터도 다시 이별하는 그 고유의 문법 체계를 펼치고 있다.[22)]

이처럼 술어 곧 풀이말이 주도함으로써 주어 곧 임자말 자리에 놓인

---

말에서는 한 형태적 짜임새 안에 이렇게 많은 말본의 관념이 포함되는 일이 없다."(188쪽) 허웅, 『국어학: 우리말의 오늘, 어제』, 서울: 문화사, 1983, 1993.

22) "조선어에서 주어가 술어를 문법적으로 지배하는 경우란 없다. 영어나 로어의 경우에는 주어가 문법적으로나 구조적으로 술어를 지배하는 문장의 구조적 중심으로 되며 술어는 인칭, 수, 성 등 형태상으로 주어의 지배를 받으면서 구조-문법적으로 주어에 종속되어 있다. 그러나 조선어에서 주어와 술어의 호상 관계는 외국어의 경우와 다르다. 조선어에서 술어는 구조-문법적으로 가장 중요한 문장성분으로서 문장의 맨 끝자리에 놓이며 주어까지 포함한 다른 성분들을 그에 종속시키는 항구적인 주도적 성분으로 된다. … … 조선어에서 주어는 문장구성의 필수적 요소가 아니다. 만약 주어가 문장구성의 필수적 요소라고 한다면 주어 없는 문장은 모두 불완전 문이 될 것이다. … 그러나 조선어에서 주어 없는 문장은 그 사용 빈도에 있어서 절대적이며 또한 주어가 없다고 해서 전형적인 문장구성을 방해하는 일이 없다."(86-87쪽) 김영황, 『문화어문장론』, 평양: 김일성종합대학출판사, 1983.

"조선어에서 볼 때 상관관계를 맺는 두 성분 사이에서 중심어는 언제나 예외 없이 뒤에 놓이는 것이 사실이다. 문장에서 다른 문장 성분들의 위치는 아주 자유로우나 술어만은 언제나 절대적 위치에서 다른 성분들을 지배한다. 즉 술어는 문장의 맨 끝에서 다른 성분들을 통솔하는데 이것은 술어의 비의존성을 증명해주는 것으로 된다."(362쪽) 리귀배, 『조선어문법리론』, 연길: 연변인민출판사, 1989.

'그것'이 드러나기를 기다리는 한국말의 말법은, 역시 몇 가지 같은 특징을 공유하는 일본어에서도 그대로 적용되는 것이다. 이러한 사실은 일본 문학에 관한 서구 출신의 이론가이면서 일본어 문법을 해설하고 있는 제이 루빈 교수의 탁월한 통찰에서 확인되고 있다. 그는 어떤 이유에 의해서 주어 자리에 있어야 하는 인물이나 사물이 사라지거나 보류되는지 물으며 해답하려고 한다. 그것은 필수적이 아니며 생략될 수 있다. 그래서 일본어는 거꾸로 움직이면서(working backwards) 이해해야 한다고 그는 설명한다. 언제나 문장의 맨 끝에 놓이는 술어를 가지고 그 앞에 놓이는 그 밖의 문장 성분들을 짐작하고 이해해야 한다고 일본어 학습 초보자에게 충고한다.[23]

이러한 언어에서는 문장의 맨 끝을 마무리하는 술어가, 거기까지 보류된 주어 또는 주제어의 정체성을 결정하는 것이다. 주어 자리에 있는 '그것'의 정체성은 미지의 항 $x$로 보류된 상태에 있다. 오래전 한국에 파견되어 그곳 사람들이 일상에서 하는 말법을 관찰했던 아일랜드 출신의 신부 휴 맥마흔은 그렇게 미지의 항을 $x$로 보류하는 태도를 '미지의 것들에게 양도함'(Deference to the unknown)으로 표현했다.[24]

---

23) "일본어 동사가 온갖 표현과 수식 구들을 늘어놓은 다음에 비로소 나타난다 하더라도, 걱정하지 말라. 일본인들도 같은 문제를 겪고 있다. 그들도 자기들 언어를 거꾸로 가는 방향으로 이해한다…."(p.106) "나는 학생들에게 일본어 문장을 분석할 때 주동사(the main verb)를 먼저 확인하라고 말한다. 주동사는 대개 문장 끝에서 쉽게 찾을 수 있는데, 그다음에 문장의 시작과 종결 사이에서 핑퐁 게임을 하듯이 거꾸로 가며 주어와 목적어와 그 밖의 것들을 찾게 하는 것이다…." (p. 129) Jay Rubin, ***Making sense of Japanese***, New York: Kodansha, 1998, 2012.

24) "미지의 것들에게 양도함: … … 내가 '아주머니'에게 왜 집에 수건이 하나도 없

## 4.

그렇다면, 니체가 오래전에 추측했듯이, 한국말에서는 그것의 어떤 발상으로 인해서 현상 너머의 실체 또는 실재에 대한 탐구로서 형이상학 또는 존재론이 이루어지기 어려웠던 것일까? 한국말에서는 이른바 주어 또는 임자말이라는 것을 생략하는 문장 구조가 허용되고 있다. 따라서 주어 자리에 아무것도 놓지 않고 그 자리에 있다고 상정하는 '그것'에 어떤 특징 또는 정체성을 매길지 결정할 수 없는 상태를 미지의 $x$로 기억하며, '그것'이 보여줄 것들을 시간의 흐름 가운데서 기다리는 태도가 한국 말법을 지배한다고 볼 수 있다.

미결의 상태에서 숨을 죽이고 있는 미지의 $x$가 보여줄 모양을 그렇게 기다리고 있기 때문에, 그 $x$에 대한 판단을 마무리할 술어 곧 풀이말의 마디들을 맨 끝에 놓는 전략을 택하는 것이다. 그리고 마지막 판단이 이루어져도 여전히 현재의 사태와 상황의 핵심을 이루는 '그것' 자체는 어둠 속에 잠긴 영원의 한 조각 분신 $x$ 또는 역시 자신의 정체를 드러

---

냐고 물으면, 아주머니는 "그러게요, 수건이 모두 어디로 갔지?"라면서 마치 수건들이 우리 둘에 대해 음모라도 꾸민 듯이 대답한다. …… 이것이 나의 불평을 회피하는 괜찮은 방법이라는 점을 제쳐놓고 보면, 여기에서는 한낱 물질적인 대상들을 마치 그 자신들의 삶과 의지라도 가진 듯이 대하는 보기 드문 존중의 태도를 볼 수 있다. 현대세계에는 이 같은 존중의 여지가 남아 있지 않다.

[세상에서] 사물들은 부르는 대로 사용되어야 하고 그렇게 하도록 기대될 뿐 그 밖에는 아무것도 없다. [과연 그럴까?] …… 우리 아주머니는 … 이렇게 덧붙였을 것이다. "하늘과 땅 사이에는 자네의 철학으로 상상하는 것보다 훨씬 많은 일들이 있다네.""(pp. 126-129) Hugh MacMahon, ***The scrutable oriental***, Seoul: Sejong Corporation, 1975.

내지 않고 움직이는 심판자 $X$로 남아서[25] 다시 무언가 낯선 얼굴을 내밀 가능성을 내다보게 하는 것이다. 이렇게 펼쳐지는 상상의 전망 가운데서 이른바 '$x$의 존재론'이라는 것이 그 모양을 드러내게 된다.

---

25) 만약 이렇게 한국말의 문장관을 정리할 수 있다면 이러한 문장관 역시 사람들의 세계 인식을 어떤 맹점 또는 착각으로 빠지게 하는 것은 아닐까? 그러나 이러한 한국말의 문장관을 따라가면 아마도 다른 언어 계통에서 일어나는 일상언어의 자의적인 이름 매기기(전통 철학자들의 이른바 범주 체계) 또는 정체성 매기기에 빠지지 않고 $x$ 또는 $X$라는 영원의 매체를 가지고 변화무상한 세계 현실을 그 실재성 정도에 맞게 이해하며 파악하는 데 기여할 수 있지 않을까?(1)

(1) "세상에 몸을 드러내 있는 그것들은 시작을 알 수 없는 영원의 흐름에서 비롯하는 분신(分身) 곧 영원의 현재들이다. … … 나무, 바람, 이데아, 권력의지, 도, 이, 기라는 것들은 그러니까 영원의 분신, 영원의 현재들을 간직한 변수 $x$가 한 임의의 순간에 우연으로 얻는 이름들이며 개성들이며 특성들이며 관계들이다. 그런 이름들을 가진 개체성과 관계들이 존재한다는 것은 애초에 그런 것들이 없던 세상에서 부딪치는 절대의 우연일 뿐이다. 그렇게 사르트르는 의식 안에서 이런저런 이름과 특성과 관계를 지니며 기거하고 있던 자아를 비롯한 모든 존재, 모든 사물을 밖으로 축출해 버렸다. 밖으로 쫓겨난 세상의 모든 존재, 모든 사물은 어떤 특성, 어떤 관계를 가질 수 있을까? 의식이 그 습관의 틀을 벗어나 상상의 자유를 가지고 방황할 때 모든 사물, 모든 존재는 무엇일까? 칸트는 그것을 알 수 없는 '물자체' 또는 $x$라고 하였다. … 사르트르는 그것을 어떤 이름도 없는 것, 그것의 개성이나 존재의 이유 또는 필연성을 갖고 있지 않은 것이라고 했다. 그에 따르면 그것은 다만 '거기에 있을 뿐인 것'이다. 그것은 모든 가능한 이름이나 개성이나 존재의 필연성을 잃어버린 $x$일 뿐이다."(429-430쪽)

"다만 $x$일 뿐인가? 영원으로부터 시작하여 끝없이 흐르는 변수 $x$들로 가득한 세계에다 다양한 개성과 이름들을 지닌 모든 것들을 누가 아니면 무엇이 만들어내는가? 사르트르가 말하는 절대의 자유, 상상의 자유를 가진 의식이 '아무것도 없는 데서'(*ex nihilo*) 그런 다양한 이름을 가진 존재들을 만들어내는가?"(430쪽) 박동환, "$x$의 존재론을 다시 풀이함: 영원의 매체 '제1 언어'에 대하여," 『사회와 철학』, 제26집 (2013), 사회와철학연구회.

그러니까 영원의 한 조각 분신 $x$ 또는 그 정체를 드러내지 않고 움직이는 영원의 심판자 $X$는, 매 순간순간의 현재를 통과하며 다시금 다가오는 미래의 모양을 달리 보여줄 수 있으므로 바로 그 현재의 '그것'에 어떤 이름 또는 특칭 또는 정체성도 매기기를 거부할 수밖에 없는 것이다.

그러므로 이렇게 영원의 한 조각 분신 $x$와 역시 그 정체를 드러내지 않고 움직이는 영원의 심판자 $X$가 서로 관계해서 연출할 순간순간의 예측할 수 없는 모양을 「전도서」의 설교자는 주어도 목적어도 빠진 그렇게 그 자신을 숨긴 행위자 $X$ 또는 $x$의 동태만으로 서술하고 있다.[26]

> "날 때가 있고 죽을 때가 있으며 심을 때가 있고 심은 것을 뽑을 때가 있으며 죽일 때가 있고 치료할 때가 있으며 헐 때가 있고 세울 때가 있으며 울 때가 있고 웃을 때가 있으며 슬퍼할 때가 있고 춤출 때가 있으며 돌을 던져 버릴 때가 있고 돌을 거둘 때가 있으며 안을 때가 있고 안는 일을 멀리 할 때가 있으며 찾을 때가 있고 잃을 때가 있으며 지킬 때가 있고 버릴 때가 있으며 찢을 때가 있고 꿰맬 때가 있으며 잠잠할 때가 있고 말할 때가 있으며 사랑할 때가 있고 미워할 때가 있으며 전쟁할 때가 있고 평화할 때가 있느니라"(「전도서」 3:2-8)

(220404)

---

26) 모든 것의 '때'를 묘사하는 「전도서」의 저 문장에는 주어도 없고 목적어도 없는 이유에 대하여 아래 vi. "이 모든 문제를 예고한 B.C.E. 3세기에서 2세기의 설교자"에서 소개되는 엘사 타메스의 설명을 참고.

## iv.
## 이 모든 문제를 예고한 B.C.E. 3세기에서 2세기의 설교자[27)]

한국 말본의 주어 또는 임자말 생략의 동기를 살피는 가운데 어떤 기존 철학사의 계통으로부터도 독립하는 인생과 자연 이해의 길이 열림을 바라본다. 그리고 다시 '순간순간으로 토막 나는 인생의 시간'과 '그 정체를 드러내지 않고 움직이는 영원의 심판자' 사이의 관계를 묻고 따지는 B.C.E. 3세기에서 2세기 즈음「전도서」의 설교자는 모든 전통의 철학사를 넘어 나아갈 수 있도록 하나의 높은 시야로 올라서게 한다.

「전도서」가 설파하는 어떤 관점이 그것으로 하여 모든 전통의 철학 체계들을 넘어서 보다 높은 시야로 올라서게 하는가? 인생과 자연이 통과하는 장구한 시간대의 숨은 지배자는 그의 행위로써 모든 철학에 등장하는 실체와 속성, 원인과 결과 또는 음양(陰陽)과 상반상성(相反相成) 같은 범주 체계 곧 그 모든 연결 고리 또는 그 진행의 순서를 무너뜨린다. 그래서 모든 것의 '때'를 묘사하는「전도서」의 문장에는 주어도 없고 목적어도 없다. 행위의 주체 $X$도 행위의 대상 $x$도 일상언어와 그 범주 체계 밖에서 움직이기 때문이다.

"날 때가 있으면 죽을 때가 있고, 심을 때가 있으면 뽑을 때가 있다. …

27) 아래의 **길잡이 2.**의 **iv.** "이 모든 문제를 예고한 B.C.E. 3세기에서 2세기의 설교자"는『$x$의 존재론』의 II. "『기본동물학』과「전도서」와 한국말본"에서 발췌, 수정 또는 개작한 것임.

… 사랑할 때가 있고 미워할 때가 있으며 전쟁할 때가 있고 평화할 때가 있느니라"(「전도서」 3:2-8)

이에 대해 제3세계를 대표하는 「전도서」의 한 해설자 엘사 타메스는 다음과 같이 풀이한다.

"[「전도서」 3:2-8의 문맥에서 주어도 목적어도 없는] 각 문장은 무인칭(impersonal)으로 되어 있어서 행위를 집행하는 주체도 없고 그 행위를 받는 객체도 없다. 전도자 코헬렛은 출생과 죽음이라는 극적 시점에서도 아무도 개입할 여지가 없음을 지적하려는 것으로 보인다. … 이 시에서 하느님은 행위의 숨은 주체로서 등장한다."[28]

'어둠' '무지' '미지'로 가려져 있는 영원의 시나리오 가운데서 움직이는 숨은 행위 주체가, 이스라엘 전통의 신 야훼(YHWH)가 아닌 누구인지 특칭하지 않을 뿐만 아니라 그 전통의 믿음을 지닌 이들을 당혹스럽게 하는 현실 비평을 서슴지 않는 설교자의 메시지를 두고, 당대의 사조를 휩쓸던 그리스 헬레니즘 시대의 합리주의 또는 개인주의의 영향 아래에서 이루어진 사상으로 풀이하는 주석가들이 있다.

그러나 설교자 코헬렛의 사상을 다만 그리스 헬레니즘의 영향으로 이루어진 산물로서 풀이하는 것은 그의 뜻하는 바에서 한참 빗나가는 시도일 수 있다. 왜냐하면, 대체로 그리스 전통의 철학과 함께 고대 중

28) Elsa Tamez, "Ecclesiastes: a reading from the periphery," ***Interpretation: A Journal of Bible and Theology***. Vol. 55, no. 3 (2001), 250-259.

국 철학의 바탕을 이루는 범주와 추론체계들은 모두 인간 본위 곧 인문주의 또는 '천인(天人) 무후(無厚)'[29]의 정신에 따라 세워진 방법론이라고 두 전통의 철학사가들이 오래전부터 인정해온 사실(史實)이기 때문이다.

「전도서」의 설교자는 세상만사가 펼쳐져 가는 매 순간순간의 시간을, 하느님이 사람에게 심어놓은 '영원의 기억으로서의 내재의식 $x$'와 '초월하는 영원의 심판자 $X$' 사이의 관계에 의해 이루어지는 인생과 자연으로서 이해하도록 이끌고 있다. 그러므로 설교자 코헬렛은, 인생과 자연, 시간과 영원, 소멸과 초월의 관계에 관한 그의 사상이 결코 그로 하여 다만 헬레니즘 전통의 회의론자일 수도 합리주의자이거나 개인주의자일 수도 없게 한다. 그는 '어둠' '무지' '미지'로 가려져 있는 저 영원의 시나리오를 향해 의문과 항의를 쉽 없이 던지는 그 시대의 치열한 탐구자였다. 그렇게 그는 21세기 오늘에도 우리가 맞이하고 있는 온 지구적 위기 곧 또 하나의 마감 시대에 '영원을 향한 탐구자'로서의 일을 여전히 수행하고 있다. (220405)

---

29) "노자, 공자의 天觀은 至上至高의 준거로서의 상제 또는 천에 대한 보류의 태도이며 전적으로 의지하고 호소하던 상고 시대의 천명으로부터 이탈하여 인문 도덕주의로 나아가는 전환 시대의 단계를 반영한다. 이 인문 도덕주의로의 전환을 논리적인 극단에서 완성하는 것이, '天尊地卑'(『周易』「繫辭上」)를 거부한 혜시의 '天與地卑' '天地一體'이다. 그러므로 공자의 '敬而遠之', 노자의 '天道無親', 등석의 '天於人無厚', 그리고 혜시의 '天與地卑'는 모두 지상지고의 준거표로서 上帝 또는 天으로부터 점진적으로 독립 그리고 단절하여 가는 인문 도덕주의의 시대 흐름을 반영하는 것으로 보인다."(131쪽) 『안티호모에렉투스』(초판 2001) 고양, 경기: 사월의책, 2017.

ΣI.

# 그들이 각기 소속한 시대의 체험 다시 읽기

## i.
## 「신명기」와 「아모스」에서

"모세가 백성에게 선포하였다. '너희가 종살이하던 나라, 에집트에서 나온 이 날은 마땅히 기념해야 한다. … 너희는 야훼의 인도를 받아 야훼께서 너희 선조들에게 주시마고 약속하신 젖과 꿀이 흐르는 땅, 곧 가나안족과 헷족과 아모리족과 히위족과 여부스족이 사는 땅으로 들어가거든 이달에 다음과 같은 예식을 따라 예배를 드려라.'"(공동번역 「출애굽기」 13:3-5)[1]

"야훼께서는 그들이 주야로 행군할 수 있도록 낮에는 구름기둥으로 앞서 가시며 길을 인도하시고 밤에는 불기둥으로 앞길을 비추어 주셨다." (「출애굽기」 13:21)

"너희 하느님 야훼를 경외하여 그를 섬기며 맹세할 일이 있으면 그의 이름으로만 맹세하여라. 주위에 있는 백성들이 섬기는 신들 가운데서 어떤 신이든지 그 신을 따라 가면 안 된다. 너희 하느님 야훼께서 화를 내시어 너희를 땅 위에서 쓸어버리실 것이다. 너희 가운데 계시는 너희

---

**풀이말**

1) 이후의 이야기에서 끌어들이는 성경의 따온글은 대개 **대한성서공회**의 〈공동번역〉 아니면 〈개역개정〉에 따르고 있는데, 다만 거기에서 따온글이 현대의 한글 말본에 전혀 마땅치 않을 때는 다른 번역 이를테면 **대한성서공회**의 〈새번역〉을 따르기도 했음.

하느님 야훼는 질투하는 신이시다."(공동번역 「신명기」 6:13-15)

"너희 하느님 야훼께서 이제 너희가 들어가 차지하려는 땅에 너희를 이끌어 들이시고 인구가 많은 민족들을 너희 앞에서 모조리 쫓아내실 것이다. 그들은 너희보다 인구가 많고 강대한 헷족, 기르가스족, 아모리족, 가나안족, 브리즈족, 히위족, 여부스족, 이렇게 일곱 민족이다. 너희 하느님 야훼께서는 그들을 너희 손에 붙여 꺾으실 것이다. 그때 너희는 그들을 전멸시켜야 한다. 그들과 계약을 맺지 말고 불쌍히 여기지도 말라."(「신명기」 7:1-2)

"야훼께서 너희를 택하신 것은 너희가 어느 민족들보다 수효가 많아서 거기에 마음이 끌리셨기 때문이 아니다. 사실 너희는 어느 민족보다도 작은 민족이다. 다만 너희를 사랑하시고 너희 선조들에게 맹세하신 그 맹세를 지키시려고 야훼께서는 당신의 강한 손으로 너희를 이끌어 내신 것이다. 그리하여 에집트 왕 파라오의 손아귀에서, 그 종살이하던 집에서 건져 내셨다."(「신명기」 7:7-8)

"너희가 일찍이 에집트에서 앓던 온갖 나쁜 질병에 걸리지 않게 해 주시고, 너희를 미워하는 사람들이나 그 병에 걸리게 하실 것이다. 너희는 너희 하느님 야훼께서 너희에게 넘겨주는 민족을 전멸시켜야 한다. 그들을 가엾게 보지 말고 그들의 신을 섬기지 말아라."(「신명기」 7:15-16)

"드고아에서 양을 치던 목자 아모스의 예언집. 그는 이스라엘이 어찌 될지 계시를 받고 그대로 예언하였다."(공동번역 「아모스」 1:1)

"나 야훼가 선고한다. 다마스쿠스가 지은 죄, 그 쌓이고 쌓인 죄 때문에 나는 다마스쿠스를 벌하고야 말리라. …… 다마스쿠스 성의 빗장을 부수고 아웬 평야에 군림한 자, 베데덴에서 왕권 잡은 자를 죽이고 아람 백성을 키르로 잡혀가게 하리라. 야훼의 말씀이시다."(「아모스」 1:3-5)

"베델의 사제 아마지야가 이스라엘 왕 여로보암에게 사람을 보내 보고하였다. …… 그리고 나서 아마지야는 아모스에게 말하였다. '이 선견자야, 당장 여기를 떠나 유다 나라로 사라져라. 거기 가서나 예언자 노릇을 하며 밥을 벌어먹어라. 다시는 하느님을 팔아 베델에서 입을 열지 마라. 여기는 왕의 성소요 왕실 성전이다.'"(「아모스」 7:10-13)

"아모스가 아마지야에게 대답했다. '나는 본시 예언자가 아니다. 예언자의 무리에 어울린 적도 없는 사람이다. 나는 목자요 돌무화과를 가꾸는 농부다. 나는 양떼를 몰고 다니다가 야훼께 잡힌 사람이다. 당신의 백성 이스라엘에게 가서 말을 전하라고 하시는 야훼의 분부를 받고 왔을 뿐이다.'"(「아모스」 7:14-15)

---

## 1.

『구약』 전통의 하느님 야훼(YHWH)가 다스리는 땅 위의 세상은 이스라엘이라는 특정 민족에 대한 약속과 보상, 무자비한 징계와 살육 같은 운명의 사건들이 교차하는 역사(役事)의 시간으로 펼쳐진다. 그렇게 펼쳐지는 역사의 시간은 모세의 출애굽 사건에서 절정을 이룬다. 이스라엘 민족 전체가 이동하는 출애굽 행렬은 이렇게 묘사된다.

> “야훼께서는 그들이 주야로 행군할 수 있도록 낮에는 구름 기둥으로 앞서 가시며 길을 인도하시고 밤에는 불기둥으로 앞길을 비추어 주셨다.” (「출애굽기」 13:21)

야훼가 모세에게 처음 나타났을 때 그는 자신의 사적인 이름을 ‘야훼’(YHWH)라고 소개하면서 말을 건넨다.

> “나는 야훼(YHWH)다. 나는 아브라함과 이사악과 야곱에게 전능의 신으로 나를 드러낸 일은 있지만 야훼라는 이름으로 나를 알린 일은 없었다.”(「출애굽기」 6:2-3)

이는 이전에 아브라함에게 ‘전능한 신’으로 자신을 소개했던 때와는 달리 이제는 아주 가까워진 사적 관계로 접근하고 있다는 것을 뜻한다. 그렇게 야훼는 그의 명령을 받아 지휘하는 모세를 통해 그들 이스라엘 민족에게 편들어 힘을 실어주는 다음과 같은 아주 사사롭고 끔찍한 약속을 건넨다.

> “너희 하느님 야훼께서 이제 너희가 들어가 차지하려는 땅에 너희를 이끌어 들이시고 인구가 많은 민족들을 너희 앞에서 모조리 쫓아내실 것이다. 그들은 너희보다 인구가 많고 강대한 헷족, 기르가스족, 아모리족, 가나안족, 브리즈족, 히위족, 여부스족, 이렇게 일곱 민족이다. 너희 하느님 야훼께서는 그들을 너희 손에 붙여 꺾으실 것이다. 그때 너희는 그들을 전멸시켜야 한다. 그들과 계약을 맺지 말고 불쌍히 여기지도 말

라."(「신명기」 7:1-2)[2)]

그러다가 때로는 그렇게 이스라엘의 하느님 야훼의 약속과 심판이 분명하게 실행되던 이른바 '신정체제'(神政體制)가 희미해져서 더 이상 그런 심판과 통치의 능력을 행사하는 존재가 실재하는지 의심하게 하는 혼돈의 시대로 빠져들기도 한다. (211129)

2.

포스트모던 시대의 신학을 모색하는 커드 스트럭마이어(Kurt Struckmeyer)는 야훼가 이스라엘의 유일신으로 자리 잡게 되는 경위를 다음과 같이 정리한다.

"이스라엘의 역사에서 야훼는 처음에 한 부족의 전쟁을 위한 신, 해방과 정복을 위한 신이었다. 그래서 이집트에 잡혀 있던 노예의 삶에서 풀려나고 가나안 땅을 정복할 수 있도록 이끌어 주었다. 이스라엘이 점

2) "실제로 이런 일이 벌어졌음이 구약성서 곳곳에서 발견된다. 이스라엘이 이집트를 탈출했을 때 이집트인들에게 내려진 재앙, 특히 이집트 모든 장자들이 떼죽음당한 일(출애굽기 11장), 여리고 성과 아이 성에서 생명 있는 모든 것을 몰살하라는 여호수아의 명령(여호수아 6장과 8장), 예언자 엘리사의 이름으로 예후가 저지른 잔인한 행동(열왕기하 10장), 그리고 황금 송아지를 만들었다고 모세가 레위 사람들을 시켜 저지른 잔인한 살인(출애굽기 32장) 등을 그 예로 들 수 있다." 곽건용, "거짓말하는 하나님, 우리 편만 위하는 하나님" 뉴스앤조이. 2014.06.18.

차 한 국가의 형태를 갖추게 되었을 때 야훼는 율법을 선포하고 그에 따라 심판하며 통치하는 역할까지 하게 된다. 드디어 야훼는 이스라엘 안의 어떤 신보다 우세한 그리고 주변 어떤 나라의 신들보다 우세한 '높은 신'의 자격을 차지한다. 그렇게 높은 신의 자리에 올라가자 야훼는 하늘과 땅의 창조자로 군림한다."[3]

말하자면 이스라엘의 신 야훼는 처음부터 주변의 어떤 신들보다 높은 자리에 있지는 않았다는 것이다. 그는 이스라엘 그리고 주변의 여러 족속들이 믿고 따르던 다른 신들과 경쟁하며 그의 영향력을 확장해갔다.

야훼의 출현 내력을 고고학적 근거 자료에 의해 더 깊은 뿌리를 추적해 온 니심 암잘라그(Nissim Amzallag)에 따르면 신 야훼는 가나안 지역 팀나(Timna) 계곡의 구리광산에서 야금(冶金)에 종사하던 족속들이 함께 섬기는 한 신이었다.[4] 그렇게 야금술이 퍼져있던 가나안 계곡에서 이스라엘 족속이 함께 살았을 때의 기록을 모세가 다음과 같이 전하고 있다.

---

3) Kurt Struckmeyer, "How Yahweh met Elohim and created the world," ***Following Jesus: a life of faith in a postmodern world***. May 22, 2015.

4) "먼 옛날에 가나안의 동서쪽에는 당시에 구리 야금의 중요한 중심지가 있었다. … 야훼의 기원이 가나안 남쪽이라는 약간의 성경 기록이 있기는 하지만, 이스라엘이 섬기는 신이 되기까지의 상세한 정보는 전해 있지 않다. … … [지금까지 검토한] 자료가 암시하는 것은 이스라엘에 의해 공적으로 섬겨지기 이전에, 야훼는 가나안에서 야금술을 행사하던 집단의 신이었다는 것이다." Nissim Amzallag, "Yahweh, the Canaanite God of Metallurgy?," ***Journal for the Study of the Old Testament***. Vol. 33. no. 4. pp. 387-404.

"너희 하느님 야훼께서는 이제 너희를 기름지고 넓은 땅, 골짜기와 산에서 지하수가 솟아 샘이 되고 냇물이 흐르는 땅으로 이끌어 들이려고 하신다. … … 굶주리지 않고 먹을 수 있는 땅, 아쉬운 것 하나 없는 땅, 돌에서는 쇠를, 산에서는 구리를 캐낼 수 있는 땅이다."(「신명기」 8:7-9)

"그리고는 이렇게 이르셨다. '일어나 여기에서 당장 내려가거라. 네가 에집트에서 구출한 네 백성이 저렇게 못된 짓을 하고 있구나. 내가 명령한 길을 저렇게도 쉽사리 버리고 우상을 부어 만들다니.' 그런데 내가 바라보니 너희는 송아지를 부어 만들어 놓고 너희의 하느님 야훼께 못할 짓을 하고 있었다. … … 너희의 범죄 행위 곧 너희가 만든 그 송아지를 나는 불에 넣어 녹여서 산산이 부수고 가루를 내어 그 산의 개울에 흘려보냈다."(「신명기」 9:12-21)

그때의 야금술은 흙 속에 묻힌 돌덩어리에서 빛나는 구리와 그로부터 다시 화려한 장식 제품들을 만들어내는 변화의 기술로서 그것은 그들에게 신이 행사하는 신비한 창조와 조화(造化)의 능력에 말미암은 것으로 보였다. 그렇게 야훼는, 야금의 창조와 조화를 가능하게 하는 신비로운 능력의 신으로 받들고 제사하는 데서 비롯한다고 설명하는 연구 결과들이 보고되고 있다.[5] (220102)

---

5) 구리를 주 대상으로 하던 야금의 시대가 지나서 철의 시대(B.C.E. 1,200-930)에 이르렀을 때 이스라엘 족속은 같이하던 가나안의 다른 족속들로부터 차별화하기 시작해서 자신들의 신 야훼를 정치 군사적 행사자로 승격시켜 나갔다고 말한다.

"이스라엘은 야금에 관련된 불과 연기와 두들기는 일을 폭풍과 전쟁의 신으로 격상시켜서 야훼를 변형의 신에서 정복의 신으로 바꿔 갔다." Joshua J. Mark, "Yahweh,"

## 3.

야훼가 모세에게 나타나 그의 뜻을 대행하도록 명령하는 시대에는 그의 뜻하는 바가 공공연하게 세상에 펼쳐져서 그 밖에 어디로 숨을 데가 없는 이른바 '광장'(廣場)[6]이라고 할 만한 '신정체제'가 이루어질 수 있었다.

그래서 당시에 개개인에게는 숨어 들어갈 수 있는 '밀실'(密室) 같은 내면세계 곧 의식이 없었다고 본다. 그 이후 야훼는 아모스라는 한 초야에 묻혀 사는 양치기에게 의탁(依託)한 목소리로 나타나, 당시에 불의를 저지르고 있는 이스라엘 왕 여로보암의 처소 앞에서 꾸짖는다. 그때 이스라엘 왕의 실정(失政)을 성토하는 아모스에게서 터져 나오는 소리는 아모스 자신에게서 나오는 목소리가 아니었다. 아모스는 그 자신이

---

*World History Encyclopedia*. Oct. 22, 2018.

6) 타인에게 양도할 수 없는 개인적 자아의식 곧 '밀실'이 없던 그래서 '광장'만이 삶의 터였던 시절에 대한 기록을 다음과 같이 정리할 수 있다.

"'밀실과 광장이 마주 뚫렸던 시절'에 대한 기억이 어렴풋이 떠오른다. … 그 극단의 한 사례를, 아들을 제물로 바치라는 신의 명령을 듣고 다음 날 새벽에 아들과 그를 불사를 장작을 싣고 가서 제단 앞에 서는 아브라함의 이야기에서 확인할 수 있다. 아브라함 이후 [모세를 거쳐 다시] 신의 분노하는 소리를 받아 즉시 그대로 토해내는 B.C.E. 800년대의 아모스에 이르기까지, 개개인에게 밀실 아니면 자아의식이라고 할 만한 것은 없었다."(256쪽) "현대 사회의 형성 과정을 분석하는 이론가들에 따르면, '밀실'과 '광장'의 분화, 아니면 사적인 것과 공적인 것의 분화, 아니면 주관적인 것과 객관적인 것의 분화 국면은 한 사회 또는 국가를 근대화 또는 현대화하는 데 필수적 동반 성분들이다."(259쪽) Σ6.의 "이야기 5. 「광장」," 『야생의 진리』 고양, 경기: 사월의책, 2021.

소리를 내고 있다는 어떤 의식도 없다. 아모스가 내뱉는 소리는 "나 야훼가 선고한다"로 시작하고 "야훼의 말씀이시다"로 끝난다. 그리고 그는 자신이 야훼가 명령하는 대로 말하고 있을 뿐이라고 고백한다.

> "나 야훼가 선고한다. 다마스쿠스가 지은 죄, 그 쌓이고 쌓인 죄 때문에 나는 다마스쿠스를 벌하고야 말리라. …… 다마스쿠스 성의 빗장을 부수고 아웬 평야에 군림한 자, 베데덴에서 왕권 잡은 자를 죽이고 아람 백성을 키르로 잡혀가게 하리라. 야훼의 말씀이시다."(「아모스」 1:3-5)

> "나는 양떼를 몰고 다니다가 야훼께 잡힌 사람이다. 당신의 백성 이스라엘에게 가서 말을 전하라고 하시는 야훼의 분부를 받고 왔을 뿐이다."(「아모스」 7:15)

20세기의 성서 심리학자 줄리언 제인스는, 구약의 시대로 거슬러 올라가면 그 당시의 사람들에게는 아직 각기의 내면에 개별화된 의식 곧 현대인이 내면에 갖추고 있는 '밀실'(密室) 같은 것이 발달해 있지 않았다고 설명한다. 그의 연구에 따르면 각자의 내면에 '밀실'이라고 할 만한 자아의식이 떠오르기는 「전도서」에 등장하는 설교자의 시대에 이르러서 비로소 분명하게 확인 가능하다는 것이다.[7] 이를테면 「전도서」의 설

---

7) "『구약』의 책들 가운데 가장 오래된 것과 가장 최근의 것을 비교해 보면 꽤 믿을 만한 증거를 얻을 수 있다. … 가장 오래된 것들 가운데 「아모스」는 B.C. 8세기에 그리고 가장 최근의 「전도서」는 B.C. 2세기에 이루어진 것이다. 이 두 시대의 책에서 신의 소리를 직접 듣고 그대로 실행하는 사람(bicameral man)과 주관적인 의식을 소유한 사람 사이의 다른 점을 발견하게 된다."(p. 295) "아모스는 맹렬히 정의롭고, 확고하고, 고상하게 오만함으로 그러나 그 자신의 의식이 없

교자는 다음과 같이 말한다.

> "내가 내 마음속으로 이르기를 우매자가 당한 것을 나도 당하리니 내게 지혜가 있었다 한들 내게 무슨 유익이 있으리요 하였도다. 이에 내가 내 마음속으로 이르기를 이것도 헛되도다 하였도다."(「전도서」 2:15)

> "나는 덧없는 세월을 보내면서 세상만사를 다 겪어보았다. 착한 사람은 착하게 살다가 망하는데 나쁜 사람은 못되게 살면서도 고이 늙어가더구나. 그러니 너무 착하게 살지 마라. 지나치게 지혜롭게 굴 것도 없다. 그러다가 망할 이유가 어디 있는가? 그렇다고 너무 악하게 살지도 마라. 어리석게 굴 것도 없다. 그러다가 때도 되기 전에 죽을 까닭이 없지 않은가?"(「전도서」 7:15-17)

『구약』 전통의 신정체제와 그 도덕적 유대관계가 깨어져서 이제 고립무원의 처지에 놓인 한 개체 존재 아니 설교자 그는 자신의 깊은 바닥에서 무엇을 보았는가? 더 이상 호소할 데 없이 홀로된 자신 안에 숨겨져 있는 자아의 실체라고 할 만한 무엇을 찾았는가? 여기서 설교자는 역사에 출현했던 어떤 전통의 철학자보다 더욱 깊이 홀로된 처지에 빠진 '인간 자아'의 탐구자가 된다.

---

이, 오직 꾸짖는 신의 열변을 토한다. … 전도자는 영락없이 화로 옆에 앉아있는 친구로서 부드럽고 친절하며 배려 깊고 조심스럽게 그러나 아모스에게는 불가능한 방법으로 인생의 모든 면을 두루 살핀다."(p. 296) Julian Jaynes, ***The Origin of Consciousness in the Breakdown of the Bicameral Mind***, Boston: Houghton Mifflin Co., 1976.

다시 한 200년쯤 시간이 흘러서 예수가 새로운 시대의 메시아로 등장하는 때에 이르면 모든 사람이 아무리 배우지 못한 무식자라도 그 각각의 내면에는 온갖 비밀스러운 생각들이 들끓는 '밀실' 곧 자아의식을 갖추게 되는 것이다. 이제 예수는 그 마음이 온갖 속생각들로 들끓는 사람들을 향해서 설득하며 비유를 들어 설명해야 했다. 그들은 아무리 배우지 못했더라도 더 이상 누구의 명령에 무조건 따르는 단순한 사람들이 아니다. 심지어 그들 가운데는 마음속에 온갖 교활한 계략을 품고 예수로 하여 실언을 하도록, 그를 시험하는 자들도 나타나게 된다.

> "바리사이파 사람들은 물러가서 어떻게 하면 예수의 말씀을 트집 잡아 올가미를 씌울까 하고 궁리한 끝에 자기네 제자들을 헤로데 당원 몇 사람과 함께 예수께 보내어 이렇게 묻게 하였다. '선생님, 우리는 선생님이 진실하신 분으로서 사람을 겉모양으로 판단하지 않기 때문에 아무도 꺼리지 않고 하느님의 진리를 참되게 가르치시는 줄을 압니다. 그래서 선생님의 의견을 듣고자 합니다. 카이사르에게 세금을 바치는 것이 옳습니까? 옳지 않습니까?'
>
> 예수께서 그들의 간악한 속셈을 아시고, '이 위선자들아, 어찌하여 나의 속을 떠보느냐? 세금으로 바치는 돈을 나에게 보여라.' 하셨다. 그들이 데나리온 한 닢을 가져오자 '이 초상과 글자는 누구의 것이냐?' 하고 물으셨다. '카이사르의 것입니다.' 그들이 이렇게 대답하자 '그러면 카이사르의 것은 카이사르에게 돌리고 하느님의 것은 하느님께 돌려라.' 하고 말씀하셨다."(「마태복음」 22:15-21)

그러므로 이제는 그들이 겉으로 다듬어진 말이나 틀에 박힌 행위로서

가 아니라 그들 각자의 깊은 속에 간직한 가난한 심령, 청결한 마음 가운데서 구원을 받을 것이라고 예수가 권유하고 있다.

> "심령이 가난한 자는 복이 있나니 천국이 그들의 것임이요 … 마음이 청결한 자는 복이 있나니 그들이 하나님을 볼 것임이요"(「마태복음」 5:3-8)

(220104)

4.

그러나 다른 한쪽에서 이스라엘의 고대 전통에 뿌리를 두고 있는 한 그리스도 교회에서는, '야훼' 이외의 '신' 또는 '하느님'이라고 불리는 존재는 고대의 다른 전통으로부터 전해오는 온갖 잡신(gods)을 가리키는 것으로밖에 보지 않는다.

실로 그렇게 배타적으로 유일 고유한 신 '야훼'(YHWH)는 인간의 어떤 언어로도 대표할 수 없는 존재이다. 그래서 다음과 같은 견해에 도달할 수도 있다.

> "어떤 묘사를 하든, 이는 … 신이 현현한 모습이지 신의 본체는 아니다. 신은 영이라 실체가 없다. … 성경에서는 하느님은 영이시라 인간과 같은 형체를 가지고 있지 않다 … … 때문에 유대교나 기독교 [또는] 이슬람에서는 그림이나 석상 등 사람이 볼 수 있는 것으로 표현하는 것은 신성 모독으로 간주하거나 다른 이교도 신으로 여긴다. 기독교 중 개신

교, 그중에서도 츠빙글리와 칼뱅의 영향을 받은 개혁교회들은 시각적 요소를 엄격하게 배제하고 있다."[8]

그렇다면 과연 그들이 가리키며 받드는 야훼 또는 그 유일 특정한 신은 그들이 흔히 말하는 대로 다만 형체가 없는 '영적인' 존재인가? 현상계의 이런저런 모양으로 그려지는 형체 밖으로 분리 독립하여 존재하는 '영적인' 실체인가? 아마도 그것은 현상계에서 온갖 모양으로 나타나는 형체 갖춘 것들을 탈피하는 그래서 탈시간적 영원의 존재를 가리키는 고대 그리스 전통의 플라톤주의에 따르는 것임에 지나지 않을 수 있다. 그러나 형체를 갖춘 것들 밖에 분리 독립하여 존재하는 탈시간적 영원의 존재인 신은, 히브리 전통에서 가리키는 야훼 또는 그 유일 특정한 신성에 대해 다음과 같은 차이를 보여준다.

"시간의 흐름을 따라 변화무상한 사물들의 모방과 지향의 표적으로서 형상(形相)은, 플라톤에 의해 시간을 초월해 있는 저편 어디에 있는 것으로 가설[박제화]되었다. 초월해 있는 형상 그 자체는 기하학적 형태처럼 영원불변의 것이다. 그것은 시간의 흐름 가운데로 들어와 움직일 수 있는 그런 존재가 아니다.

이와는 달리, 히브리 성서에서 가리키는 영원의 존재는 변화하는 것들의 시간 가운데로 들어와서 관여하며 그것들의 운명을 좌우하는 심판자이다. 그 영원의 존재는 다만 [어디에 공간적으로] 초월해 있기만 하는 것이 아니고 …… 그를 받아들이는 현실의 존재에 '언제나' [시간 가

8) "야훼," ***namu.wiki***, 2021.12.26.

운데로] 들어와 있다고 말해야 한다."(96-97쪽)[9]

히브리와 그리스 고전에 정통한 루이 펠드만 교수(1926-2017)는 그런 차이로 인한 대비 관계를 다음과 같은 비교 연구로 남기고 있다.

> "아테네와 예루살렘 사이에 놓인 간극을 설명할 명제를 공식화할 수 있을까? … 시간과 관련하여 유대인과 그리스인의 태도가 보이는 중요한 차이점은 [그들이 말하는] 신의 본성에서 드러난다. 유대인에게 신은 역사 속에서 움직인다. … 신은 시간 속에서 자신을 드러낸다. 특히 그는 역사적 사건들과 동일시된다. … … 한 아이가 코츠크의 랍비 메나헴 멘델에게 물었다. '하느님은 어디에 있나요?' 랍비는 대답했다. '그분은 네가 네 안으로 받아들일 때마다 계시지. 어디에(where)가 아니라 언제든지(whenever) 말이야.'"[10]

과연 어떤 그림이나 형체로도 대표할 수 없는 그 마지막 진리의 심판자는 단순히 형체를 초월한 '영적인' 존재로서 이해할 수 있는가? 현실의 형체를 초월하여 박제화된 그리스 전통의 탈시간적 존재 이른바 형상이라는 실재는, 변화무상한 현실의 시간 가운데로 들어와 움직이는 영원의 심판자와 어떻게 달리하는가? 이것이 현실의 시간 가운데로 들어와 움직이는 영원의 심판자에게 걸려 있는 물음이며 전도서의 설교자

9) Ⅱ. "『기본동물학』과 「전도서」와 한국말본," 『$x$의 존재론』 고양, 경기: 사월의책, 2017.

10) Louis H. Feldman, "Hebraism and Hellenism reconsidered," ***Judaism***. Vol. 43, no. 2 (1994), pp. 115-126.

코헬렛이 그 자신이 소속한 히브리 전통에서 전달하는 과제이다.

"현상계에서 출현과 소멸을 거듭하는 존재들의 진정한 시작과 종결 지점, 말하자면 출현과 소멸을 거듭하는 것들이 통과하며 끝없이 이어가는 시간의 뿌리를 추적해 들어가서 확인하는 것이 불가능하다. … 그렇게 추적 불가능한 궁극의 가상(假想) 근거 또는 뿌리는 오직 $x$로서밖에는 가리킬 방법이 없다. 출현과 소멸, 시작과 종결을 거듭하는 모든 것이 뿌리를 내리는 [영원의 기억] 거기에 $x$가 있다. 그리고 현상계의 모든 '형태[형체] 발생' 과정 일체를 취소해 버리는 '형태[형체] 부재화(不在化)'를 일으키는 절대의 힘으로서 $X$라는 긴 시간[영원]의 진행자가 있다."(213-214쪽)[11]

"세상에는 어느 순간에도 모든 존재하는 것들의 부재화가 일어나고 있다. 그렇게 매 순간의 부재화로써 현재를 초월하는 새로운 삶을 산다. 매 순간은 영원을 향해 '자신'을 부재화하며 초월하는 삶이다. 그러므로 한 사람은 바울을 따라 '나는 날마다 죽노라.'(「고린도전서」 15:31) 하고서는, 다시 다음과 같이 말할 수 있다. '나는 매 순간 죽음으로써 영원을 향해 달리노라.'"(218쪽)[12]

(220104)

---

11) Σ5. "매 순간이 초월하는 삶—순간의 논리," 『야생의 진리』 고양, 경기: 사월의책, 2021. 그리고 『왜 $x$의 신학인가?』의 ΣI.의 iii. "「마태복음」에서"의 마디글 7. 참고.

12) Σ5. "매 순간이 초월하는 삶—순간의 논리," 『야생의 진리』 고양, 경기: 사월의책, 2021.

## 5.

지금 21세기를 통과하고 있는 자가 『구약』의 「신명기」와 「아모스」를 읽고 난 다음, 이른바 중간시대의 설교자 코헬렛과 새로운 메시아로 등장하는 예수 시대에 이르면 떠오르는 몇 가지 물음 또는 과제가 있다.

물음 1. 야훼의 명령을 받아 모세와 아모스가 대행하던 신정체제(神政體制)의 역사 인식은 여전히 유효한 것인가? 변화 이동하는 시간대를 따라 현상계에 일어나는 크고 작은 역사의 사건들은, 그 역사의 사건들을 모조리 소멸 부재화(不在化)하며 자신은 끊임이 없이 펼쳐가는 영원의 진행자 또는 심판자에 어떻게 관계하는 것인가?

저 덧없는 시간의 사건들과 그것들을 폐기하며 달려가는 영원의 진행자 사이의 관계에 대한 히브리적 이해와 그리스적 이해는 서로 무엇을 달리하는가?[13]

물음 2. 야훼의 명령을 받아 당시의 신정체제를 대행하던 아브라함과 모세와 아모스에게서는 그들이 각각 개인적 사적으로 지니고 있을 내면 의식(?)에서 무엇을 생각했는지 들여다볼 수가 없다. 고대 히브리 성서를 연구한 심리학자 줄리언 제인스는 당시의 그들 각각의 자아 가

---

13) "히브리 성서에서 영원의 존재는 [덧없이] 변화하는 것들의 시간 가운데로 들어와서 관여하며 그것들의 운명을 좌우하고 있다."(96쪽) Ⅱ. "『기본동물학』과 「전도서」와 한국말본," 『x의 존재론』 고양, 경기: 사월의책, 2017.

운데에 '내면 의식' 같은 것은 존재하지 않았다고 판단한다.

B.C.E. 3세기 알렉산더 왕의 동방 원정 이후 지중해 연안 일대에 퍼지게 된 지배적 사조 헬레니즘은 히브리 전통의 자아 인식에 어떤 변화를 가져왔는가? 그렇게 변화 이동하던 그 시대에 등장하는 설교자 코헬렛과 새로운 메시아 예수가 대면했던 사람들에게는 분명히 제각기 다른 내면 의식 또는 자아의식이 움직이고 있었다. 이들의 탈(脫) 히브리적 자아의식은 어디서 유래하는 것인가?[14]

물음 3. 쉼 없이 변화 이동하는 덧없는 시간의 사건들 곧 현상계의 사건으로서 드러난 것들을 초월해서 끊임이 없는 영원의 역사를 이끌고 가는 자는 무엇으로 이해할 수 있는가? 그 영원의 역사를 이끌고 가는 자 또는 그 초월하는 심판자를 무엇으로 대표할 수 있는가? 그는 덧없는 역사의 시간으로부터 초월 독립해 있는 그래서 다만 저 피안에 박제화된 것 같은 순수 영적 존재 또는 이데아로서 이해할 수 있는가?

고대 그리스 전통의 철학자 플라톤은 그렇게 박제화(剝製化)된 순수 영적 존재 또는 이데아를, 덧없이 변화무상한 시간의 것들을 탈출해 다만 피안에 머무는 이념적 초월자라고 이해한다. 과연 현상계에서 출몰하는 덧없는 시간의 사건 사태들은, 저 피안으로 초월해 있는 영원의

14) "다시 시간이 흘러서 예수가 새로운 시대의 메시아로 등장하는 때에 이르면 모든 사람이 아무리 배우지 못한 무식자라도 그 각각의 내면에는 온갖 비밀스러운 생각들이 들끓는 자신만의 밀실을 갖추고 있게 되는 것이다."(238쪽) Σ6.의 "이야기 2.『의식의 기원』,"『야생의 진리』 고양, 경기: 사월의책, 2021.

존재와 어떤 관계로도 화해하거나 합류하지 않고 다만 폐기되어 버려질 뿐인가? (220110)

## ii.
## 「전도서」에서

"전도자가 이르되 헛되고 헛되며 헛되고 헛되니 모든 것이 헛되도다 해 아래에서 수고하는 모든 수고가 사람에게 무엇이 유익한가 한 세대는 가고 한 세대는 오되 땅은 영원히 있도다 해는 뜨고 해는 지되 그 떴던 곳으로 빨리 돌아가고 바람은 남으로 불다가 북으로 돌아가며 이리 돌며 저리 돌아 바람은 그 불던 곳으로 돌아가고 … 이미 있던 것이 후에 다시 있겠고 이미 한 일을 후에 다시 할지라 해 아래에는 새것이 없나니 무엇을 가리켜 이르기를 보라 이것이 새 것이라 할 것이 있으랴 우리가 있기 오래전 세대들에도 이미 있었느니라"(개역개정 「전도서」 1:2-10)

"그 후에 내가 생각해 본즉 내 손으로 한 모든 일과 내가 수고한 모든 것이 다 헛되어 바람을 잡는 것이며 해 아래에서 무익한 것이로다 … 내가 내 마음속으로 이르기를 우매자가 당한 것을 나도 당하리니 내게 지혜가 있었다 한들 내게 무슨 유익이 있으리요 하였도다"(「전도서」 2:11-15)

"범사에 기한이 있고 천하만사가 다 때가 있나니 날 때가 있고 죽을 때가 있으며 심을 때가 있고 심은 것을 뽑을 때가 있으며 죽일 때가 있고 치료할 때가 있으며 헐 때가 있고 세울 때가 있으며"(「전도서」 3:1-3)

"하나님이 모든 것을 지으시되 때를 따라 아름답게 하셨고 또 사람들에게는 영원을 사모하는 마음을 주셨느니라 그러나 하나님[엘로힘; Elohim]이 하시는 일의 시종을 사람으로 측량할 수 없게 하셨도다"(「전도서」3:11)

"좋은 이름이 좋은 기름보다 낫고 죽는 날이 출생하는 날보다 나으며 초상집에 가는 것이 잔칫집에 가는 것보다 나으니 모든 사람의 끝이 이와 같이 됨이라 … 지혜자의 마음은 초상집에 있으되 우매한 자의 마음은 혼인집에 있느니라"(「전도서」7:1-4)

"내 허무한 날을 사는 동안 내가 그 모든 일을 살펴보았더니 자기의 의로움에도 불구하고 멸망하는 의인이 있고 자기의 악행에도 불구하고 장수하는 악인이 있으니 지나치게 의인이 되지도 말며 지나치게 지혜자도 되지 말라 어찌하여 스스로 패망하게 하겠느냐"(「전도서」7:15-16)

"사람이 장래 일을 알지 못하나니 장래 일을 가르칠 자가 누구이랴 바람을 주장하여 바람을 움직이게 할 사람도 없고 죽는 날을 주장할 사람도 없으며 전쟁할 때를 모면할 사람도 없으니 악이 그의 주민[행악자]들을 건져낼 수는 없느니라"(「전도서」8:7-8)

"이 모든 것을 내가 마음에 두고 이 모든 것을 살펴 본즉 의인들이나 지혜자들이나 그들의 행위나 모두 다 하나님[엘로힘; Elohim]의 손안에 있으니 사랑을 받을는지 미움을 받을는지 사람이 알지 못하는 것은 모두 그들의 미래의 일들임이니라"(「전도서」9:1)

"의인과 악인, 선한 자와 깨끗한 자와 깨끗하지 아니한 자, 제사를 드리는 자와 제사를 드리지 아니하는 자에게 일어나는 일들이 모두 일반이니 … 모든 사람의 결국은 일반이라 이것은 해 아래에서 행해지는 모든 일 중의 악한 것이니"(「전도서」 9:2-3)

"내가 다시 해 아래에서 보니 빠른 경주자들이라고 선착하는 것이 아니며 용사들이라고 전쟁에 승리하는 것이 아니며 지혜자들이라고 음식물을 얻는 것도 아니며 명철자들이라고 재물을 얻는 것도 아니며 지식인들이라고 은총을 입는 것이 아니니 이는 시기와 기회는 그들 모두에게 임함이니라 분명히 사람은 자기의 시기도 알지 못하나니 물고기들이 재난의 그물에 걸리고 새들이 올무에 걸림 같이 인생들도 재앙의 날이 그들에게 홀연히 임하면 거기에 걸리느니라"(「전도서」 9:11-12)

"일의 결국을 다 들었으니 하나님[엘로힘; Elohim]을 경외하고 그의 명령들을 지킬지어다 이것이 모든 사람의 본분이니라 하나님[엘로힘; Elohim]은 모든 행위와 모든 은밀한 일을 선악 간에 심판하시리라"(「전도서」 12:13-14)

---

1.

한 부족의 족장 아브라함이 받은 야훼(YHWH)의 약속을 이어받아 모세가 이스라엘 민족의 출애굽 행렬과 그 이후에 대행하는 야훼의 신정체제(神政體制)는, 「전도서」의 설교자가 등장하는 B.C.E. 3세기에서 2세기 즈음 이른바 '중간시대'에는 그 효력을 잃게 되고 야훼는 침묵한다. 야훼가 행사하던 약속과 보상, 그리고 배반에 대한 철저한 심판과 응징 같은 역사(役事)의 장면은 이제 찾아볼 수 없다.

그렇게 땅 위에서 이루어지는 일상의 사건들에서 야훼의 분명한 행사와 역사가 사라진다. 땅 위의 역사(歷史)에서 야훼라는 약속과 보상, 배반과 응징의 심판자가 그렇게 떠남으로써 땅과 하늘이 분리되어 버리는 시대의 흐트러진 상황을 설교자 코헬렛이 경험하며 관찰한다. 그는 이렇게 토로한다.

> "하나님[엘로힘; Elohim]은 하늘에 계시고 너는 땅에 있음이니라"(「전도서」 5:2)

설교자는 땅 위에서 벌어지는 덧없는 일상의 사건들이 거쳐 가는 시간의 토막들에 대칭적으로 냉혹 무심하게 달려가는 영원의 시간을 다만 바라볼 뿐이다. 땅과 하늘, 시간과 영원의 냉혹한 분리 이별을 관찰하며 이제는 '야훼'라는 유대 민족의 보호자 또는 후원자는 사라지고 그 자리에 냉혹 무심한 그래서 모두에게 무차별한 하느님 '엘로힘'(elohim)이 들어서 있음을 실감한다.

> "내 허무한 날을 사는 동안 내가 그 모든 일을 살펴 보았더니 자기의 의로움에도 불구하고 멸망하는 의인이 있고 자기의 악행에도 불구하고 장수하는 악인이 있으니 지나치게 의인이 되지도 말며 지나치게 지혜자도 되지 말라 어찌하여 스스로 패망하게 하겠느냐"(「전도서」 7:15-16)

> "의인들이나 지혜자들이나 그들의 행위나 모두 다 하나님[엘로힘;

Elohim]의 손안에 있으니 사랑을 받을는지 미움을 받을는지 사람이 알지 못하는 것은 모두 그들의 미래의 일들임이니라 … 의인과 악인, 선한 자와 깨끗한 자와 깨끗하지 아니한 자, 제사를 드리는 자와 제사를 드리지 아니하는 자에게 일어나는 일들이 모두 일반이니 … 모든 사람의 결국은 일반이라 이것은 해 아래에서 행해지는 모든 일 중의 악한 것이니"(「전도서」 9:1-3)

그렇게 일상의 삶이 거쳐 가는 덧없는 시간의 토막들 너머로 모든 것을 가차 없이 휩쓸고 지나가는 영원의 심판자를 만나 화해하려는 꿈은 헛되고 헛된 일이 되어버린다. (211228)

2.

「전도서」의 설교자는 세상에서 겪는 모든 덧없는 시간의 것들과 그것들을 무자비하게 휩쓸어버리고 지나가는 영원의 심판자 사이에 있을 만한 내밀한 관계를 묻는다. 인생의 가차 없이 토막 난 시간의 것들과 그렇게 토막 난 시간의 것들을 무자비하게 휩쓸고 지나가는 영원의 심판자는 서로 어떻게 관계하는가?

설교자는 그 전체 담론에서 '덧없이 토막 나는 시간의 것들에 잡혀있지 않을 것'을 깨닫도록 이끌어간다. 인생에서 부딪히는 일들은 모두 그 결국의 모양을 예측할 수도 없고 통제할 수도 없으며 흔적도 없이 다만 사라져가는 것들이기 때문이다. 세상에서 겪는 좋고 나쁜 일들은 모두 조만간에 남김없이 스러져 영원의 시간으로 회귀해 들어가는 것이다.

"좋은 이름이 좋은 기름보다 낫고 죽는 날이 출생하는 날보다 나으며 초상집에 가는 것이 잔칫집에 가는 것보다 나으니 모든 사람의 끝이 이와 같이 됨이라 산 자는 이것을 그의 마음에 둘지어다"(「전도서」 7:1-2)

"너는 청년의 때에 너의 창조주를 기억하라 곧 곤고한 날이 이르기 전에, 나는 아무 낙이 없다고 할 해들이 가깝기 전에 해와 빛과 달과 별들이 어둡기 전에, 비 뒤에 구름이 다시 일어나기 전에 그리하라"(「전도서」 12:1-2)

그러므로 땅 위에서 그의 생명을 이어가는 동안 그 자신이 임시로 소속해 있는 짧은 시간의 한 토막 곧 그의 시간대를 돌이켜본다. 한 개체 존재가 소속하는 그의 한 토막 시간대는 영원의 시간 곧 영원의 심판자에 어떻게 관계하는가?

"21세기 이렇게 맹목의 앞을 향해 질주하는 현대문명의 격류 가운데에 놓인 모두에게 다가오는 영원의 흐름 앞에서, 자신이 소속하는 현재의 시간대를 돌아보지 않을 수 없다. 이는 영원의 시간으로 들어가서 현재라는 한 토막 시간대가 사라져 감을 바라보는 가상의 관찰자가 되는 연습이다." (196-197쪽)[1]

(211129)

---

풀이말

1) Σ4. "그대가 소속한 시간대를 돌아보라," 『야생의 진리』 고양, 경기: 사월의책, 2021.

## 3.

덧없이 토막 나는 시간의 것들과 그런 것들을 휩쓸고 지나가는 영원의 흐름이 서로 화해(和諧)하지 않고 충돌 단절되는 관계를 「전도서」의 한 기발한 연구자 메테 분바드(Mette Bundvad)가 분석하고 있다. 그는 「전도서」에서 두 가지로 연출되는 다른 모양의 시간이 서로 만남이 없이 충돌 긴장하는 관계를 발견한다. 냉혹 무차별하게 땅 위의 모든 것을 휩쓸며 지나가는 영원이라는 우주적 진행자에 대응해서, 헛되고 헛되게 토막 나버리는 짧은 인생들이 안간힘으로 겨루며 긴장하는 관계를 이루고 있다.

> "전도자가 이르되 헛되고 헛되며 헛되고 헛되니 모든 것이 헛되도다 해 아래에서 수고하는 모든 수고가 사람에게 무엇이 유익한가 한 세대는 가고 한 세대는 오되 땅은 영원히 있도다"(「전도서」 1:2-4)

> "사람이 장래 일을 알지 못하나니 장래 일을 가르칠 자가 누구이랴 바람을 주장하여 바람을 움직이게 할 사람도 없고 죽는 날을 주장할 사람도 없으며 전쟁할 때를 모면할 사람도 없으니 악이 그의 주민[행악자]들을 건져낼 수는 없느니라"(「전도서」 8:7-8)

그러나 이렇게 「전도서」에서는 그 두 가지 다른 모양의 시간 곧 사람의 일생이 결국의 죽음으로 끝나는 시간의 토막들과 그 시간의 토막들을 쓸어버리며 쉼 없이 달려가는 영원의 우주적 시간은 서로 어떻게 관계하는 것인지 해답을 찾을 수 없다고 연구자 메테 분바드는 질문한다.

> "인간 개인이 경험하는 삶과 우주적 시간의 실재는 긴장 관계에 있다. 인간이 경험하는 시간에는 연속성이 없다. 개인 존재의 유한성은 우주적 시간대에 참여하는 것이 아니라 충돌하는 [단절되는] 관계를 이룬다. 인간이라는 존재는 그의 삶이 소속해 있는 세계의 시간대를 이해할 수 없다."(pp. 292-293)[2]

설교자 코헬렛의 시간 인식을 이렇게 분석하고 있는 연구자는 다시 그의 결론을 정리한다.

> "[코헬렛]에게 우주를 관통하는 한결같은 시간과 그 시간을 겪는 인간의 체험 사이에는 어떤 호응 관계도 없다. … 개체 존재의 삶은 그 시간이 토막 나 있고 그의 과거나 미래와는 어떤 실질적인 연결도 없다."(p. 187) "그러므로 과거와 미래에 어떤 실질적 관계도 맺을 수 없는 현재에서 하루하루 지나가는 삶에 대해 어떤 의미도 매길 수 없다. 코헬렛이 던지는 의문은 … 우리들의 하루하루의 삶을 이루는 사건과 행사가 정착해서 안주할 만한 시간의 계속하는 순서 같은 틀이 보이지 않는다는 것이다."(pp. 187-188)[3]

인간이 노력하며 노동하다가 결국에 죽음에 이르기까지 토막 나는 모든 시간의 일들은 조만간에 사라져 잊히는 것이다. 이에 대조적으로 영

---

2) Mette Bundvad, ***Time in the Book of Qohelet***. Ph. D. thesis. Submitted to the Faculty of Theology, University of Oxford. 2012.

3) Mette Bundvad, ***Time in the Book of Ecclesiastes***. Oxford: Oxford University Press, 2015.

원에서 영원으로 모든 것을 휩쓸며 무자비하게 달려가는 우주의 진행자는, 도저히 인간이 따라갈 수도 이해할 수도 없는 피안의 초월자일 뿐이다.

저 시간과 영원 사이에는 참으로 어떤 관계도 없는가? 영원의 존재는 언제나 순간순간으로 토막 나는 인생의 시간을 다만 휩쓸어버리고 달려가는 초월의 심판자일 뿐인가? (211216)

4.

인생의 일들에서 덧없이 토막 나는 시간과 그에 대치해서 끊임없이 흐르는 영원의 시간은 서로 어떻게 관계하는 것인가? 「전도서」의 설교자는 한결같이 흐르는 영원의 시간 가운데서 한 점 그리고 또 한 점에 지나지 않을 덧없는 시간의 토막들이 헛되고 헛됨을 어쩔 수 없이 받아들이지만 그렇게 헛되고 헛됨을 구제할 방법이 없음을 깨닫는다.

모든 인생의 일들이 거쳐 가는 순간순간의 토막들을 무자비하게 휩쓸며 지나가는 영원의 진행자 또는 심판자는 누구인가? 토막 나는 순간순간의 것들과 영원의 심판자 사이에 화해(和諧)할 수 없는 관계에 대하여 설교자는 쉼 없이 토론한다.

> "[하나님(엘로힘; Elohim)이] 또 사람들에게는 영원을 사모하는 마음을 주셨느니라 그러나 하나님(엘로힘; Elohim)이 하시는 일의 시종을 사람으로 측량할 수 없게 하셨도다"(「전도서」 3:11)

쉼 없는 노력과 노동으로 일생을 끝내는 인간은 자신이 그렇게 덧없이 스러지며 빠져들어 가는 우주적 시간대에 대해 충돌 단절의 관계에 놓여 있을 뿐인가? 토막 난 시간의 것들로 순간순간을 만들어가는 이 세상의 삶은 결국에 모두 영원의 우주적 시간대로 빠져들어 간다. 그러나 시간의 토막들을 살아가는 땅 위의 존재는, 영원이라는 우주적 시간대를 향해 자신을 불사르며 스러져 들어갈 때 과연 충돌 단절의 관계가 일어나고 있을 뿐인가?[4] (211205)

5.

「전도서」에서 설교자가 가장 깊이 집중해서 문제 삼고 있는 과제는 무엇인가? 덧없는 시간의 것들과 그런 것들이 굴복하며 사라져 들어갈 수밖에 없는 영원의 심판자는 어떤 관계로 엮이는 것인지 하는 의문이다. 설교자 코헬렛은 구약의 시대 내내 이스라엘이 겪는 험난한 인생들에게 약속하고 보상을 베풀던 의롭고 자상한 야훼의 손길이 더 이상 작동하지 않는다는 데서 커다란 허무를 느낀다.

인생의 덧없는 시간의 노력과 노동은 모두 토막 나는 순간순간을 거쳐

4) "현상계에 몸을 드러낸 한 개체 실존 $x$가 달려가는 곳을 가상으로 추적해 따라가면, 그 길은 형태 부재한 곧 모든 것을 부재화하는 자의 경계 $X$로 빠져들어 간다. 그리고 이 '부재화'는 미래에 일어나는 일이 아니고 현재의 매 순간에 일어나고 있는 일이다."(214쪽) "그렇게 모두가 매 순간에 '현재 부재화'하는, 그렇게 '초월하는' 삶을 산다. 삶 자체가 매 순간 '현재 부재화'라는 초월의 행위이다."(215쪽) Σ5. "매 순간이 초월하는 삶," 『야생의 진리』 고양, 경기: 사월의책, 2021.

사라져가는 것이다. 그 순간순간의 일들은 모두 영원의 우주적 시간대로 소멸해 들어간다. 그렇게 순간과 영원, 현재와 미래는 서로 화해할 수 없는 충돌 단절의 관계로 엮인다.

> "이 모든 것을 내가 마음에 두고 이 모든 것을 살펴본즉 의인들이나 지혜자들이나 그들의 행위나 모두 다 하나님(엘로힘; Elohim)의 손안에 있으니 사랑을 받을는지 미움을 받을는지 사람이 알지 못하는 것은 모두 그들의 미래의 일들임이니라"(「전도서」 9:1)

여기서 토막 나는 시간의 존재 인간이 영원의 심판자를 향해 어떤 가능한 구원의 길이 있는지 묻는다.

오늘날 일정한 종파와 교회에 소속하는 분들의 「전도서」 연구는 대개 구원의 긴급한 요청에 호응하는 데에 치중하는 것으로 보인다. 그래서 그들의 연구는 「전도서」에 실려 있는 설교자 코헬렛의 적나라한 당대의 혼란스러운 현실 체험과 관찰을 주어진 대로 이해하기보다는 그러한 현실 체험과 관찰을, 그 뒤에 따르는 편집자의 다음과 같은 엄중한 경고성 후기가 뜻하는 바에 따라 재해석하는 데에 연연해 있다.

> "일의 결국을 다 들었으니 하나님을 경외하고 그의 명령들을 지킬지어다 이것이 모든 사람의 본분이니라 하나님은 모든 행위와 모든 은밀한 일을 선악 간에 심판하시리라"(「전도서」 12:13-14)

그렇게 구원의 긴급한 요청에 호응하는 데서 「전도서」 연구는, 「전도서」의 담론 자체가 『구약』 전통의 신앙과 삶의 규범에 배반하는 현실

체험과 관찰을 적나라하게 드러내 놓고 있음에도 불구하고, 그것이 마치 『구약』 전통의 신앙과 삶의 규범에서 전해 내려오는 약속과 보상의 관계 곧 신정체제(神政體制)가 여전히 유지되고 있는 듯한 연속성을 변호하는 데에 집중하는 경향을 보인다. 그렇게 『구약』 전통의 연속성을 강조하는 연구자들의 해석을 다음과 같은 사례에서 볼 수 있다.

> "요즈음 포스트모더니즘 신학자들의 연구에 따르면 신적 존재는 밖으로 드러나게 되어 있지 않다. … 그래서 오늘날 신은 구약 시대의 야훼처럼 적극적 행동으로 나타나 보이지 않고 숨겨진 계시 가운데서 찾을 수 있다. … [그러므로] 경험적으로 확인하는 데는 한계가 있다. … 코헬렛은 미미한 바람 가운데 야훼가 나타나는지 확신할 수 없지만, 인생의 헛된 노력과 노동 너머에 신이 존재한다고 할 만한 흔적이 있을 여지를 마련하고 있다."[5)]

그리고 '한국장로교총회 창립 100주년 기념 표준주석'을 대표하는 한 연구서 『전도서』에서 채은하 교수는 역시 『구약』 전통의 연속성을 강조하는 흐름을 다음과 같이 마무리하고 있다.

> "[「전도서」의 최종 편집자는] 역시 성서 주석가들이 오랫동안 그래 왔듯이 전도자를 회의주의자나 비판주의자, 혹은 운명주의자, 아니면 그와는 정반대로 쾌락주의자로 오해할 소지를 염려했던 것 같다. 그래서 최종 편집자는 전도서를 편집한 자신의 의도가 제대로 읽혀질 수 있도

---

5) Carey Walsh, "Iconic presence: A Marion reading of contesting biblical theophanies," ***The Heythrop Journal***, LVI (2015), pp. 87-98.

록 전도서 뒷부분에서 마지막 당부를 명령어로 강조하고 있다. 그러므로 전도서를 읽을 때 그것의 핵심적 메시지는 최종 편집자의 첨가(9-14절)처럼 우리가 다른 성경에서 읽을 수 있는 메시지와 크게 다르지 않다는 점을 기억해야 할 것이다."(192쪽)[6]

(220115)

6.

그러나 B.C.E. 3세기에서 2세기 즈음에 써진 것으로 보이는 「전도서」는 이보다 훨씬 앞서 수천 년 동안에 이루어진 『구약』 전통의 야훼 신앙과 그 신정체제가 희미해가는 이른바 중간시대의 위기의식을 토로하고 있다. 이를테면 모세의 출애굽이 이루어진 B.C.E. 15세기 즈음의 사건을 기록한 「신명기」에서 전하는 하느님 야훼의 약속과 응보, 불의에 대한 징벌 같은 질서가 더 이상 작동하지 않는 위기의 상황을 서술하고 있다.

「전도서」는 더 나아가 『구약』의 시대에 작동하던 신정체제가 무너지고 새로이 떠오르는 시대의 비전을 모색하는 치열한 물음을 이어간다. 이는 유대 민족이 이루어온 한 지역 국가와 전통사회를 넘어서 인류 모두에게 다가온 한 보편 신앙의 과제로서 이해되는 것이다. 이 시대의 전

6) 채은하, 『전도서』 서울: 한국장로교출판사, 2013.

환점에 서서 생각하는 설교자 코헬렛의 비전을 투시 간파하는 20세기의 한 대표적 연구자 로저 와이브레이(1923-1997)의 다음과 같은 분석 결과도 있다.

> "근래의 몇 학자들은 … 코헬렛의 설교에서 유대 신앙이 부딪히고 있는 한 심각한 전환점을 간파하고 있다. 그때 코헬렛은 이전까지 일반적으로 받아들여졌던 신앙과 도덕이 타당성을 잃음으로써 당시에 지배적인 헬레니즘 사조에 비추어 재평가받아야 한다는 사실을 인지하고 있음이 분명하다."(p. 66)[7]

> "코헬렛 그는 그가 물려받은 유대 전통의 신앙이 당시 급변하는 '현대 세계'에 조준 조정되어야 한다고 생각하는 신학자 아니면 호교론자(護敎論者)에 해당한다."(p. 82)[8]

그러므로 「전도서」에는 『구약』 전통의 신앙을 받쳐주는 이스라엘의 영원한 수호신 같은 존재 '야훼'(YHWH)는 더 이상 떠오르지 않으며 그 대신 모두의 하느님 '엘로힘'(Elohim)이 그들 운명의 최고 심판자로 등장한다. 그렇게 유대 민족과 그 나라가 최고의 수호신으로 의지하던 '야훼'가 물러나고, 한 특정 민족과 그들의 나라를 넘어서 세상에 존재하는 모든 피조물 곧 자연과 역사의 지배자 또는 심판자로서 '엘로힘'이 떠오르고 있다.

---

7) R. N. Whybray, ***Ecclesiastes***. Sheffield, England: Sheffield Academic Press, 1989, 1997.

8) R. N. Whybray, ***Ecclesiastes***. Sheffield, England: Sheffield Academic Press, 1989, 1997.

더 나아가 21세기에 이른 우리에게 「전도서」는 오늘날 인류가 통과하고 있는 수천 년의 문명 전통에 대한 회의와 그에 따르는 온 지구적 생존 위기의 상황을, 한 새로운 전환 시대의 과제로 인식하며 그 미래에 어떻게 대응할 것인지를 예상하도록 이끄는 메시지이기도 한 것이다.

「전도서」는 그러므로 『구약』 전통의 신앙을 이어가는 편에 서는 것이라기보다는 시대가 변화 이동하는 데에 따라 그 전통의 신앙을 '업데이트'해야 하는 편에 서며 그를 위한 변론을 하고 있다. 말하자면 설교자 코헬렛은 『구약』 전통의 연속성이 아니라 일정한 정도의 불연속성을 그 시대의 과제로 새겨주는 대변자의 역할을 한다. 설교자 코헬렛은 그렇게 『구약』의 시대가 마무리되어가는 B.C.E. 3세기에서 2세기 즈음에 다가오는 새 시대를 예비하는 이른바 중간시대에 놓인 자의 사명을 수행하고 있다. (220116)

7.

따라서 특정한 민족과 그들을 선민으로 삼은 '야훼'의 신정체제를 벗어나서 모든 피조물 곧 자연과 역사의 지배자 또는 심판자로 등장하는 신 '엘로힘'의 정체성에 대한 의문과 탐구가 시작하는 것이다. 이는 또한 특정 민족과 그들을 선민으로 삼았던 야훼를 대신해서 이어갈 새 시대의 메시아를 예상 예비하도록 이끄는 사명을 수행하는 것이기도 하다. 이것이 「전도서」가 품고 전하는 중간시대의 메시지라고 이해할 수 있다.

「전도서」가 전하는 메시지는 『구약』의 전통을 벗어나는 어떤 고유한 시대 흐름을 드러내고 있는가? 「전도서」는 『구약』 전통의 신앙 이를테면 「신명기」에서 보장하는 약속과 보상의 질서가 실행되던 신정체제가 더 이상 이해할 수 없는 혼란 속으로 빠진 인생의 온갖 불합리 불공평한 현실을 있는 그대로 드러내 보여준다.

그렇게 불연속성을 드러내는 대대적인 시대 전환의 현실 상황을 주어진 그대로 인식하며 그에 대응해서 다가오는 한 새로운 시대를 예비하도록 이끄는 그런 하나의 소명이 떠오르는 것이다.

그래서 「전도서」에서 전하는 현실 체험과 관찰이 『구약』 전통의 신앙과 삶의 규범을 이탈하고 있는 그 시대의 적나라한 현실 사태 곧 그 불연속성을, 다가오는 새로운 시대의 징조로서 일반화해 보여주는 연구자들의 설명을 들을 수 있다. 「전도서」가 전하는 새로운 시대의 고유한 특징으로서 하나는 모든 개체 존재 인간은 그 내면에 각기 다른 '자아의식'을 품고 있다는 것이고 다른 하나는 그러한 개체 존재들의 토막난 시간으로부터 전적으로 초월해서 진행하는 '절대의 맥락으로서 자연'의 영원한 흐름이 존재한다는 것이다.

정신과 의학자로서 고대 문명에서 전해오는 문헌들을 연구한 줄리언 제인스는 그의 저서 『의식의 기원』에서 주관적인 '자아의식'이 인간 내면으로부터 출현하는 장면을 다음과 같이 설명한다.

> "『구약』의 책들 가운데 가장 오래된 것과 가장 최근의 것을 비교해 보면 꽤 믿을 만한 증거를 얻을 수 있다. … 가장 오래된 것들 가운데 「아

모스」는 B.C. 8세기에 그리고 가장 최근의 「전도서」는 B.C. 2세기에 이루어진 것이다. 이 두 시대의 책에서 신의 소리를 직접 듣고 그대로 실행하는 사람(bicameral man)과 주관적인 자아의식을 소유한 사람 사이의 다른 점을 발견하게 된다."[9]

"「아모스」는 사막의 한 무식한 양치기가 신의 소리를 들리는 대로 토해내는 발언들의 기록이다. … … 「아모스」에는 마음, 생각한다, 느낀다, 이해한다, 이 같은 내면 의식에 해당하는 낱말은 없다. 그는 속으로 어떤 것도 계산하지 않는다. 그렇게 하는 것이 불가능하다. … 그는 말하기 전에 의식하거나 생각하지 않는다. 실로 그는 생각하지 않는다. … … 「전도서」는 이 모든 면에서 정반대이다. 전도자는 가슴 깊이 삭이는 바를 생각한다. 그리고 오직 대단히 주관적인 사람만이 할 수 있는 말을 한다. '헛되고 헛되다. 모든 것이 헛되다.'라고."[10]

---

9) Julian Jaynes, ***The Origin of Consciousness in the Breakdown of the Bicameral Mind***. Boston: Houghton Mifflin Co., 1976. p. 295.

10) Julian Jaynes, ***The Origin of Consciousness in the Breakdown of the Bicameral Mind***. Boston: Houghton Mifflin Co., 1976. p. 296.

줄리언 제인스는 고대 히브리 민족이 아닌 다른 문명권에서도 유사한 주관적 의식의 출현을 알리는 기록들을 발견할 수 있다고 말한다.

"『구약』을 통독하는 가운데 주관적 의식의 출현을 연이어 알리는 산통(産痛)을 발견한다. 어떤 다른 과거 문헌에서도 이 중요한 사건을 이렇게 길게 충실하게 기록한 적이 없다. 중국 문헌 가운데서는 공자의 가르침에서 주관성이 돌연 나타나고 인도에서는 신의 소리 베다(Veda)에서 극단으로 주관적인 우파니사드(Upanishads)가 돌출한다. 그리스 문헌에서는 일리아드에서 오디세이로 거쳐 가는 단편들이 있으나 역시 불완전한 것들이다. … … 『구약』이야말로 그 이행단계에 관한 가장 충실한 그리고 이와는 전혀 다른 시야와 관점을 가지고 그런 주관적 자아의식을 품은 인간 존재를 향해 다가오는 영원한 자연의 흐름을 절대의 맥락으로 받아들이도록 유도하는 메시지로서 「전도서」를 풀이하기도 한다. 그렇게 자연학을 배경으로 하는 신학자 아론 핑커는 「전도서」의 핵심 과제를 다음과 같은 맥락에서 찾는다.

"코헬렛은 죽음을 두려워하지 않는다. 죽음은 자연 질서의 부분이다.(「전도서」 9:5, 12:1-7 참고) 그러나 코헬렛의 관심은 죽음이 모든 걸 취소해 버린다는 데에 있다.(「전도서」 2:14-16 참고) … 신은 인간의 마음 가운데에 영원을 심어주었으나 그는 처음부터 끝까지 한 일을 인간이 알 수 없도록 하였다.(「전도서」 3:11 참고)"[11)]

"「전도서」 1:4-7에서 전하는 메시지는 덧없는 변화가 아니라 변함없는 항상성(permanence)이다. 「전도서」의 뛰어난 해석을 남긴 신학자 와이브레이(R. N. Whybray)가 말했듯이, '「전도서」 1:5-7은 적어도 인간이 처해 있는 상황을, 해와 바람과 강과 같은 자연의 현상이 제공하는 보

---

정보를 전해준다. 그것은 신이 그의 소리를 직접 들려주는 단계를 지나 점차 침묵하는 퇴거의 단계로 들어간다. 마음은 여전히 옛날의 무의식 가운데서 나타나던 신의 소리를 헛되이 고대할 뿐이다. [그 헛되이 표출하는 고대를 시편에서 읽을 수 있다] '사슴이 시냇물을 찾듯이, 하느님, 이 몸은 애타게 당신을 찾습니다. 하느님, 생명을 주시는 나의 하느님, 당신이 그리워 목이 탑니다. 언제나 임 계신 데 이르러 당신의 얼굴을 뵈오리이까?(「시편」 42:1-2)"(pp. 312-313) Julian Jaynes, ***The Origin of Consciousness in the Breakdown of the Bicameral Mind***. Boston: Houghton Mifflin Co., 1976.

11) Aron Pinker, "Ecclesiastes Part II: Themes," ***Jewish Bible Quarterly***. (July 2013) Vol. 41. no. 3. pp. 163-170.

다 더 넓은 맥락(a wider context) 가운데에 놓고 보는 데에 목적이 있음을 인정할 수 있다.' 보다 더 넓은 맥락이란 무엇을 뜻하는가? 이는 [인간과 역사를 포함하는] 저 자연의 넓은 맥락에 의해서 「전도서」가 논의하는 주제 전체를 정의하려는 것이다. 코헬렛이 자연의 기본 요소로서 드는 4가지는 고대로부터 알려진 불, 바람, 물, 땅에 해당하는데 이것들이 인간 존재를 결정하는 기본 틀이다. … 코헬렛의 가장 깊은 데서 나오는 질문은 '한 사람이 저 항상 존재하는 영원[자연]에 남기는 그의 흔적은 무엇인가?' 이것이다."[12]

(220118)

8.

오늘 21세기에 다시 읽는 「전도서」는 아직 다하지 않은 어떤 메시지를 간직하고 있는가? 두 가지 측면에서 이전과 이후 시대의 불연속적 이동에 따르는 새로운 과제를 대변하고 있는 것이 「전도서」이다.

그 과제의 하나는 이제는 모든 사람 개개인이 그의 내면에 밀실처럼 뿌리 깊은 자아의식을 가지고 있다는 것이다. 다른 하나는 그렇게 제각각의 주관적 내면 의식을 뿌리 깊이 간직한 개개인들은 모두 절대 객관의 환경 이른바 'a wider context'로서 자연이라는 영원의 흐름에 휩쓸려 들

12) Aron Pinker, "Meteorological views in Qohelet 1:6-7," ***Old Testament Essays***. Vol. 25. no. 2. (2015) pp. 383-405.

어갈 수밖에 없다는 것이다.

이 새로운 시대 인식으로의 변화 이동에 호응하며 응답하는 메시지는 어떤 모양으로 바뀌게 되는가?「전도서」의 설교자가 전하는 저 '중간시대'의 두 가지 과제에 대응하는 새로운 메시아 예수의 다음과 같은 뜻밖의 메시지가 선포된다.

> "심령이 가난한 자는 복이 있나니 천국이 그들의 것임이요 … 마음이 청결한 자는 복이 있나니 그들이 하나님을 볼 것임이요 … 나로 말미암아 너희를 욕하고 박해하고 거짓으로 너희를 거슬러 모든 악한 말을 할 때에는 너희에게 복이 있나니 기뻐하고 즐거워하라 하늘에서 너희의 상이 큼이라"(「마태복음」 5:3-12)

> "내 나라는 이 세상에 속한 것이 아니오. 나의 나라가 이 세상에 속한 것이라면, 나의 부하들이 싸워서, 나를 유대 사람들의 손에 넘어가지 않게 하였을 것이오. 그러나 사실로 내 나라는 이 세상에 속한 것이 아니오." (새번역「요한복음」18:36)

이렇게 새로운 시대의 메시아 예수가 전하는 천국의 메시지는「전도서」의 설교자가 품고 고발하던 온갖 무질서와 불공평을, 뜻밖의 대응방식으로 단순 명료하게 해답하고 있다.『구약』전통에서 이스라엘 민족이 그들의 하나님 야훼를 믿으며 따라왔던 약속과 보상의 질서 곧 신정체제는 더 이상 이 세상에서 기대할 만한 것이 아님이 명백해진다. (211015)

iii.

「마태복음」에서

"심령이 가난한 자는 복이 있나니 천국이 그들의 것임이요 애통하는 자는 복이 있나니 그들이 위로를 받을 것임이요 온유한 자는 복이 있나니 그들이 땅을 기업으로 받을 것임이요"(개역개정 「마태복음」 5:3-5)

"마음이 청결한 자는 복이 있나니 그들이 하나님을 볼 것임이요 화평하게 하는 자는 복이 있나니 그들이 하나님의 아들이라 일컬음을 받을 것임이요 의를 위하여 박해를 받은 자는 복이 있나니 천국이 그들의 것임이라 나로 말미암아 너희를 욕하고 박해하고 거짓으로 너희를 거슬러 모든 악한 말을 할 때에는 너희에게 복이 있나니 기뻐하고 즐거워하라 하늘에서 너희의 상이 큼이라 너희 전에 있던 선지자들도 이같이 박해하였느니라"(「마태복음」 5:8-12)

"내가 율법이나 선지자를 폐하러 온 줄로 생각하지 말라 폐하러 온 것이 아니요 완전하게 하려 함이라 진실로 너희에게 이르노니 천지가 없어지기 전에는 율법의 일점 일획도 결코 없어지지 아니하고 다 이루리라"(「마태복음」 5:17-18)

"또 네 이웃을 사랑하고 네 원수를 미워하라 하였다는 것을 너희가 들었으나 나는 너희에게 이르노니 너희 원수를 사랑하며 너희를 박해하는 자를 위하여 기도하라 … 너희가 너희를 사랑하는 자를 사랑하면 무

슨 상이 있으리요 세리도 이같이 아니하느냐"(「마태복음」 5:43-46)

"그러므로 구제할 때에 외식하는 자가 사람에게서 영광을 받으려고 회당과 거리에서 하는 것 같이 너희 앞에 나팔을 불지 말라 진실로 너희에게 이르노니 그들은 자기 상을 이미 받았느니라 너는 구제할 때에 오른손이 하는 것을 왼손이 모르게 하여 네 구제함을 은밀하게 하라 은밀한 중에 보시는 너의 아버지께서 갚으시리라"(「마태복음」 6:2-4)

"나라가 임하시오며 뜻이 하늘에서 이루어진 것 같이 땅에서도 이루어지이다"(「마태복음」 6:10)

"이에 바리새인들이 가서 어떻게 하면 예수를 말의 올무에 걸리게 할까 상의하고 자기 제자들을 헤롯 당원들과 함께 예수께 보내어 말하되 선생님이여 우리가 아노니 당신은 참되시고 진리로 하나님의 도를 가르치시며 아무도 꺼리는 일이 없으시니 이는 사람을 외모로 보지 아니 하심이니이다 그러면 당신의 생각에는 어떠한지 우리에게 이르소서 가이사에게 세금을 바치는 것이 옳으니이까 옳지 아니하니이까 하니 예수께서 그들의 악함을 아시고 이르시되 외식하는 자들아 어찌하여 나를 시험하느냐 세금 낼 돈을 내게 보이라 하시니 데나리온 하나를 가져왔거늘 예수께서 말씀하시되 이 형상과 이 글이 누구의 것이냐 이르되 가이사의 것이니이다 이에 이르시되 그런즉 가이사의 것은 가이사에게, 하나님의 것은 하나님께 바치라 하시니 그들이 이 말씀을 듣고 놀랍게 여겨 예수를 떠나가니라"(「마태복음」 22:15-22)

"화 있을진저 외식하는 서기관들과 바리새인들이여 잔과 대접의 겉은 깨끗이 하되 그 안에는 탐욕과 방탕으로 가득하게 하는 도다 눈먼 바리새인이여 너는 먼저 안을 깨끗이 하라 그리하면 겉도 깨끗하리라"(「마태복음」 23:25-26)

"예수께서 감람산 위에 앉으셨을 때에 제자들이 조용히 와서 이르되 우리에게 이르소서 어느 때에 이런 일이 있겠사오며 또 주의 임하심과 세상 끝에는 무슨 징조가 있사오리이까 예수께서 대답하여 이르시되 너희가 사람의 미혹을 받지 않도록 주의하라 많은 사람이 내 이름으로 와서 이르되 나는 그리스도라 하여 많은 사람을 미혹하리라"(「마태복음」 24:3-5)

"그러나 그날과 그때는 아무도 모르나니 하늘의 천사들도, 아들도 모르고 오직 아버지만 아시느니라"(「마태복음」 24:36)

---

1.

「전도서」의 설교자는 구약의 시대 내내 이스라엘의 험난한 역사와 인생을 향해 약속을 하고 보상을 베풀던 야훼의 손길이 더 이상 작동하지 않는다는 데서 커다란 실망을 겪는다. 땅 위에 살면서 통과하는 덧없는 시간의 인생과 그런 인생이 사라져 들어가는 피안의 영원한 세계 사이에 어떤 구원의 관계도 찾을 수 없다고 탄식한다.

이렇게 지상에서 벌어지는 덧없는 시간의 인생과 영원의 존재 사이의 단절을 깨며 새 시대의 메시아 예수가 사람들이 처음 듣는 소식 곧 천국의 메시지를 선포한다.

> "심령이 가난한 자는 복이 있나니 천국이 그들의 것임이요 … 마음이 청결한 자는 복이 있나니 그들이 하나님을 볼 것임이요"(「마태복음」 5:3-8)

이 세상에서 되풀이하는 덧없는 인생의 노력과 노동이 향해야 하는 천국에의 길이 열린 것이다. (211215)

2.

예수가 그의 산상 설교에서 '심령이 가난한 자' '마음이 청결한 자'에게 전하는 천국의 메시지는 이 땅 위의 덧없는 시간의 일들에 매여 있는 집착을 벗어나야 이를 수 있는 새로운 경계로 안내하고 있다. 구약의 시대에 이 세상 현실 가운데서 역사(役事)하던 야훼의 신정체제(神政體制)를 복원하려는 뜻이 전혀 없다. 예수는 동족인 유대인들에 의해 빌라도 앞으로 잡혀갔을 때 이렇게 말한다.

> "내 나라는 이 세상에 속한 것이 아니오. 나의 나라가 세상에 속한 것이라면, 나의 부하들이 싸워서, 나를 유대 사람들의 손에 넘어가지 않게 하였을 것이오. 그러나 사실로 내 나라는 이 세상에 속한 것이 아니오."
> (새번역 「요한복음」 18:36)

그렇다고 예수가 이 세상을 포기한 것은 전혀 아니다. 다만 야훼가 다스리던 신정체제 아래에서 모든 인생이 잡혀있던 덧없는 세상의 일들을 깨끗이 비울 때 바로 이 세상에서 천국을 맞이하게 되는 길을 안내하고 있다. 그렇게 심령이 가난한 자, 마음이 청결한 자에게 천국이 임할 수 있게 된 것이다. 이것이 예수가 세상에 전하는 새로운 메시지다. (211229)

3.

왜 한 개체 생명은 영원의 기억 $x$로 대표하는가? 이를테면 실험실에서 태어나서 고양이를 한 차례도 본 적이 없는 쥐는 그럼에도 고양이를 처음 마주쳤을 때 그 자리에서 죽은 듯이 꼼짝하지 않는다는 한 실험생물학자의 보고가 있다.[1] 이는 한 개체 생명에 갖추어져 있는 작동원리 또는 반사 작용은 수백만 년 때로는 수십억 년의 적응과 체험을 저장하고 있는 데서 비롯하는 것이기 때문이다. 그래서 생명은 하나의 기억 장치

---

**풀이말**

1) "실험실의 쥐들은 여러 세대를 거쳐 번식하는 동안 고양이와 단절되어 살았기 때문에 고양이를 한 번도 본 적이 없는데도, 고양이와 처음 맞닥뜨리는 순간 죽은 듯이 얼어붙는다. 이것은 타고난 본성이 작용한 것이다. 왜냐하면 그 쥐는 고양이가 위험하다는 것을 경험을 통해 배울 기회가 없었기 때문이다."(p. 23) 조지프 르두, 『시냅스와 자아: 신경세포의 연결방식이 어떻게 자아를 결정하는가?』 강봉균 옮김, 파주: 소소, 2005; Joseph LeDoux, ***Synaptic self: how our brains become who we are***, London: Penguin Books, 2002.

라고 세포생물학자들은 이해한다.[2] 그렇다면 한 개체 생명은, 그 시작의 뿌리를 결코 완전히 추적할 수 없는 한 영원의 기억체계 $x$라고 대표할 수밖에 없는 것이다.

「전도서」의 설교자는 지상에서 겪는 모든 덧없는 인생의 일들과 그 인생의 일들을 토막 내서 무자비하게 휩쓸어버리고 지나가는 영원의 흐름 사이에 가로놓인 단절의 관계에 대하여 끊임없는 의문과 물음을 토로한다. 그렇게 설교자는 야훼의 친정체제(親政體制)가 더 이상 작동하지 않는 시대의 의문과 탐구의 역정을 다음 시대에 전하고 있다.

예수는 이 땅 위에서 겪는 인생의 덧없는 시간의 것들과 그것들을 무자비하게 휩쓸어버리고 지나가는 영원의 흐름 사이에 개입하는 내밀한 관계에 대하여 해답한다. 심령이 가난한 자, 마음이 청결한 자는 그렇게 덧없는 시간의 것들로부터 자유로워지며 그 자리에서 바로 천국을 맞이할 수 있다는 새 메시지를 전하고 있다. 영원의 기억을 저장하고 있는 한 개체 생명 인간은 그가 시시각각으로 토막 나는 인생의 시간을 초월하여 영원의 시간에 회귀 합류함으로써 천국을 이 땅 위에서 맞이하게 된다.

그들은 이제 영원의 부름을 받아 그리로 귀향하는 자들이다. 그들은 토

2) "생명으로 존재한다는 것은 기억에 따르고 있다는 것이다. [수십억 년을 거쳐 온] 과거를 현재에 물리적으로 보존 재연하고 있다는 것이다. 생명을 출산함으로써 그 생명의 형태 가운데에 과거를 저장하며 미래를 위한 정보를 남긴다."(p. 66) Lynn Margulis and Dorion Sagan, ***Microcosmos: Four Billion Years of Evolution from Our Microbial Ancestors***. Berkeley, California: University of California Press, 1986, 1997.

막 나는 시간의 것들을 심판하는 자 $X$의 부름을 받고 영원의 기억을 따라 귀향하는 자들 $x$이다.[3] (211229)

4.

심령이 가난한 자, 마음이 청결한 자 그는 누구인가? (1) 어린아이와 같은 자 (2) 외식하지 않는 자 (3) 원수를 위하여 기도하는 자 (4) 헛된 시간의 것들을 비우며 하늘에서 이루어진 것같이 땅에서도 이루어지기를 기도하는 자.

예수는 왜 어부와 세리 같은 당대의 주변으로 밀려난 사람들을 제자로 삼았을까? 아마도 그들은 쉬이 마음이 가난하고 청결하게 비우는 자일 수 있으니까.[4]

---

3) "출현과 소멸, 시작과 종결을 거듭하는 모든 것들이 뿌리를 내리는 거기에 $x$가 있다. 그리고 현상계의 모든 '형태 발생' 과정 일체를 취소해 버리는 '형태 부재화'를 일으키는 절대의 힘으로서 $X$라는 긴 시간대의 진행자가 있다."(214쪽) 『야생의 진리』 고양, 경기: 사월의책, 2021.

4) "형제들아, 너희를 부르심을 보라. 육체를 따라 지혜로운 자가 많지 아니하며 능한 자가 많지 아니하며 문벌 좋은 자가 많지 아니하도다. 그러나 하나님께서 세상의 미련한 것들을 택하사 지혜 있는 자들을 부끄럽게 하려 하시고, 세상의 약한 것들을 택하사 강한 것들을 부끄럽게 하려 하시며, 하나님께서 세상의 천한 것들과 멸시받는 것들과 없는 것들을 택하사 있는 것들을 폐하려 하시나니, 이는 아무 육체도 하나님 앞에서 자랑하지 못하게 하려 하심이라"(개역개정 「고린도전서」 1:26~29)

그들은 각기 그가 놓여 있는 세상에서 행하는 온갖 노력과 노동이 모두 덧없는 시간의 것들임을 깨달은 자들이다. 그러므로 그들의 마음이, 그들의 심령이 덧없는 시간의 것들에 잡혀있지 않을 수 있으리라.

그렇게 그들에게 임할 땅 위의 천국에서 그들은 무엇을 체험하는가? 하늘에서 이루어지는 것 같이 땅 위의 매 순간이 영원의 시간으로 합류하는 것을 체험한다. 그들은 이 세상에서 헛된 시간의 것들에 잡혀서 흔들리는 운명의 존재 *x*로서, 영원한 시간의 심판자 *X*로 합류 귀향해 가는 길을 본다. 천국의 체험이란 덧없는 시간의 것들에서 해방됨으로써 마음을 가난하고 청결하게 비우는 경계 안으로 들어가는 데 있다.[5)]

이렇게 순간순간으로 토막 나는 인생 가운데로 영원의 심판자가 임하기를, 『구약』의 신정체제가 마감된 시대를 토로 항의하던 「전도서」의 설교자가 예비하고 있는 것으로 이해할 수 있다. (211127)

5.

그러므로 설교자 코헬렛은 새로운 메시아가 가져올 메시지에서 어떤

---

5) "매 순간은 영원을 향해 '자신'을 부재화하며 초월하는 삶이다. 그러므로 한 사람은 바울을 따라 '나는 날마다 죽노라.' 하고서는, 다시 다음과 같이 말할 수 있다. '나는 매 순간 죽음으로써 영원을 향해 달리노라.' … 모두 자신을 부재화함으로써 자신을 초월해가는 길을 찾는다. … 그렇게 *x*는 각기 쉼 없이 자신을 불사르며, 절대의 길잡이 *X*를 따라 함께 달린다."(218-219쪽) 『야생의 진리』 고양, 경기: 사월의책, 2021.

해답을 얻었는가?

> "심령이 가난한 자는 복이 있나니 천국이 그들의 것임이요 … 마음이 청결한 자는 복이 있나니 그들이 하나님을 볼 것임이요"(「마태복음」 5:3-8)

이 단순 명료한 메시지에서 B.C.E. 3세기에서 2세기 구약의 시대가 마감하는 즈음에 설교자가 품고 있던 두 가지 큰 의문 또는 과제가 풀린다.

그 하나는 이제는 모든 사람이 제각기 그의 내면에 밀실처럼 간직한 자아의식을 가지고 있어서 그들이 도달하려는 천국이 그들이 제각기 간직하고 있는 깊은 내면 의식 곧 그의 '가난하고 청결한 마음' 가운데로 임한다는 것이다. 이렇게 개개인 각각에 자아의식이 자리 잡는 데는 헬레니즘이라는 당대 사조에서 영향받은 바가 큰 것으로 이해할 수 있다.[6]

다른 하나는 이 땅에서 하늘에 이르기까지 만큼 멀기만 했던 천국을 바

---

6) 아래의 따온글 (1) 그리고 아래 Σ1.의 iii.의 마디글 6. 참고.

(1) "B.C.E. 3세기에서 B.C.E. 2세기에 걸쳐서 이루어졌을 이야기인 「전도서」는, 사람들의 각기 다른 마음 가운데서 주체할 수 없는 속생각들로 번뇌하며 방황하는 이야기들이 넘쳐나는 것을 보여준다. … 다시 200년쯤 지난 시대에 나타난 예수는 그 마음이 온갖 속생각들로 들끓는 사람들을 향해서 설득하며 설명해야 했다. 그들은 아무리 배우지 못했더라도 더 이상 누구의 명령에 무조건 따르는 단순한 사람들이 아니다."(237-238쪽) 『야생의 진리』 고양, 경기: 사월의책, 2021.

로 여기 땅 위에서 맞이한다는 것이다. 그래서 현재와 영원, 이 땅과 저 하늘이 '화해 합류하는 역사'가 가능하게 된다. 이 땅 위의 역사 가운데로 임하는 영원의 천국은 헬레니즘 사조에서가 아닌 히브리 전통의 구약 시대에서 전해져 오는 것이다.[7] (220120)

## 6.

심령이 가난한 자 그는 육신을 벗어난 영혼을 뜻하지 않을 것이다. '육신을 벗어난 영혼'이란 아마도 고대 그리스 철학 전통에서 보는 인간이 영혼과 육체로 이루어진다는 이원론을 근거로 지어낸 견해일 수 있다. 그리고 이런 견해를 펴는 분들은 대개 고대 그리스 철학 전통의 영혼/육체 이원론 영향 아래에서 『신약성서』 기록자들의 사상과 서술이 이루어졌다는 오래된 전제를 출발점으로 한다. 그 오래된 전제는 다음과 같이 정리되고 있다.

---

7) 아래의 따온글 (1) 그리고 아래 Σ1.의 ⅲ.의 마디글 7. 참고.

(1) "그러나 하느님께서 사람에게 역사[영원, 어둠]의 수수께끼를 풀고 싶은 마음을 주셨지만, 하느님께서 어떻게 일을 시작하여 어떻게 일을 끝내실지 아는 사람은 하나도 없다는 것을 나는 알았다."(「전도서」 3:11)

"히브리 성서에서 영원의 존재는 변화하는 것들의 시간 가운데로 들어와서 관여하며 그것들의 운명을 좌우하는 것이다. 영원의 존재는 다만 초월해 있기만 하는 것이 아니고 변화하는 것들 가운데로 들어와 그것들의 내재성에 관여하며 절대의 결정권을 행사하는 것이다. … 그래서 그들의 하느님은 '어디에'(공간에) 있는 것이 아니고 그를 받아들이는 현실의 존재에 '언제나'(시간 가운데로) 들어와 있다고 말한다."(96-97쪽) 『$x$의 존재론』 고양, 경기: 사월의책, 2017.

> "플라톤은 [그 이전 시대의] 오피즘과 피타고라스 학파의 사상으로 이어지는 영혼 불멸성과 '윤회와 재생에 대한 가르침'을 체계화했다. 플라톤에게 실재는 비물질적이기 때문에 인간의 참된 자아는 몸 안에 갇혀 있으며, 이것은 몸과 구별되는 불멸의 영혼으로 규정되었다. 그는 소크라테스의 입을 빌려 영혼은 불멸하여 파멸될 수 없으며, 사람이 죽으면 그 영혼은 다음 세상에서 존재하게 된다고 주장한다."(226-227쪽)[8]

이러한 플라톤 유의 영혼 불멸론이 그 이후 헬레니즘이 지중해 연안의 모든 지역을 휩쓸던 시대에 예수와 그의 제자들에게 전해졌다고 보는 것이다. 그리고 그 사례로서 다음과 같은 예수의 가르침을 소개한다.

> "그러면 너희는 인자가 이전에 있던 곳으로 올라가는 것을 본다면 어떻게 하겠느냐 살리는 것은 영이니 육은 무익하니라 내가 너희에게 이른 말은 영이요 생명이라"(「요한복음」 6:62-63)

> "몸은 죽여도 영혼은 능히 죽이지 못하는 자들을 두려워하지 말고 오직 몸과 영혼을 능히 지옥에 멸하실 수 있는 이를 두려워하라"(「마태복음」 10:28)

이 같은 단편들에 근거해서, 예수와 그 제자들에게 전해진 플라톤 유의 영혼 불멸론을 이해하는 조재형 교수는, 그럼에도 영혼/육체 이원론을 부정하는 오스카 쿨만의 반론도 소개한다. 쿨만의 반론에 따르면 예수

---

8) 조재형, "그리스 종교와 철학의 관점에서 살펴본 신약성서의 영혼의 여행," *Canon&Culture*, 제15권 제1호, (2021)

와 그 제자들은 단순한 영혼 불멸론을 받아들이고 있는 것이 아니라는 것이다.

> "쿨만은 널리 알려진 '영혼의 불멸성'은 그리스도교가 가장 크게 잘못 이해한 부분이라고 주장한다. '영혼 불멸성'은 그리스 철학의 교리이고, 그리스도교는 오로지 예수 그리스도를 통해서만 영혼이 불멸할 수 있다는 것이다. 그리스인들은 죽음을 친근하고 긍정적으로 여기지만, 그리스도교에선 죽음은 적대적인 것이어서 그 저주는 오직 그리스도를 통해서만 제거될 수 있다는 것이다. 쿨만은 평범한 그리스도인들은 바울이나 그리스도의 가르침보다는 플라톤의 가르침을 더 따른다고 비판한다."[9)]

실제로 쿨만은 플라톤 유의 영혼/육신 이원론에 근거한 영혼 불멸성을 부정하고 있고 따라서 영혼은 육신과 같이 한다는 것이 그리스도교의 핵심이라고 다음과 같이 주장한다.

> "그리스도는 죽음에서 부활했다! … 그렇게 우리는 죽음이 정복된 새로운 시대에 살고 있다. [소크라테스 플라톤의 견해에서처럼 영혼만이 살아남고] 육신은 썩어 없어지는 것이 아니다. 한 영혼을 지닌 육신이 부활했다면 죽음의 세력은 파멸된 것이다."[10)]

---

9) 조재형, "그리스 종교와 철학의 관점에서 살펴본 신약성서의 영혼의 여행," ***Canon&Culture***. 제15권 제1호. (2021)

10) Oscar Cullman, "Immortality of the soul or resurrection of the death?" ***Religion Online***. https://www.religion-online.org/book/immortality-of-the-soul-or-

따라서 예수는 죽음의 시각이 다가오고 있는 때에, 진실로 한 육신을 지닌 영혼이 죽는 과정을 통과하면서 뭇사람들과 똑같은 두려움과 고통을 겪는다고 그 생생한 기록을 쿨만이 소개한다.

"이에 말씀하시되 내 마음이 매우 고민하여 죽게 되었으니 너희는 여기 머물러 나와 함께 깨어 있으라 하시고 조금 나아가사 얼굴을 땅에 대시고 엎드려 기도하여 이르시되 내 아버지여 만일 할 만하시거든 이 잔을 내게서 지나가게 하옵소서 그러나 나의 원대로 마시옵고 아버지의 원대로 하옵소서 하시고 제자들에게 오사 그 자는 것을 보시고 베드로에게 말씀하시되 너희가 나와 함께 한 시간도 이렇게 깨어 있을 수 없더냐"(「마태복음」 26:38-40)

"제구시쯤에 예수께서 크게 소리 질러 이르시되 엘리 엘리 라마 사박다니 하시니 이는 곧 나의 하나님, 나의 하나님, 어찌하여 나를 버리셨나이까 하는 뜻이라"(「마태복음」 27:46)

그러므로 예수는 소크라테스가 말하고 실행했던 영혼과 육신의 완전한 분리를 주장하는 그리스 전통의 이원론에 따르고 있는 것은 아니다. 실로 소크라테스는 죽음의 순간이 다가왔을 때 그의 영혼은 육신을 떠나 자유로운 영생에 들어가는 것임을 믿고 독배를 마시며 그의 일생을 평안하게 마무리할 수 있었다.

그러나 쿨만은 그리스 전통의 철학에서 비롯하는 신학적 틀을 비판하

---

resurrection-of-the-dead (Chapter 3: The First-Born from the Dead)

기에 앞서, 예수와 그의 제자들이 당면했던 한 전환 시대의 고유한 사상적 흐름을 배경으로 해서 예수의 가르침을 이해할 필요가 있다. 적어도 예수의 가르침이 펼쳐지고 있는 당시 현지의 헬레니즘 사조를 외면하거나 부정할 수 있는 근거는 없다. 말하자면 「전도서」의 설교자가 이미 체험 관찰하고 있듯이 예수와 그의 제자들은, 알렉산더 왕의 동방원정 이후 300여 년 동안 동서 문명권을 지배하던 헬레니즘 사조 안에 이미 들어와 있었다. 그 당시의 일반화된 시대사조를 다음과 같이 요약하는 헬레니즘 연구가도 있다.

> "두 갈래의 문화 조류가 헬레니즘 시대를 지배하고 있었다. 한쪽에는 개인주의가 널리 퍼져 있었다. … 광범위한 제국 아래에서 단순한 의무를 수행하는 것밖에 공적 생활의 즐거움은 있기 어려웠[기 때문이]다. 다른 쪽에는 [동서 문명권을 통합하는 광범위한 제국에서] 세계 시민주의(cosmopolitanism)가 팽배해서 … 정치적 연합 관계는 [개인적] 친구들 또는 형제적 유대들로 대체되었다."(pp. 10-11)[11]

이러한 시대의 전환점을 배경으로 하여 등장한 메시아 예수의 메시지가 당대의 주변으로 밀려난 사람들 개개인에게 전해지고 있는 것이다.

> "저항 불가능한 부정의—로마 군대의 행진—에 직면해서 무저항주의를 택한 예수가 취할 수 있는 실행 가능한 정의는 깊은 내면으로 파고

---

11) John H. Randall Jr., ***Hellenistic ways of deliverance and the mking of the Christian synthesis***. New York: Columbia University Press, 1970.

들어 심령의 순수함, 동기의 정의로움으로 전환되었다."(p. 146)[12]

이렇게 개개인의 내면의식이 깨어난 시대 상황에서 예수가 로마 총독 빌라도 앞에 섰을 때 이렇게 대답하고 있다.

> "내 나라는 이 세상에 속한 것이 아니오. 나의 나라가 이 세상에 속한 것이라면, 나의 부하들이 싸워서, 나를 유대 사람들의 손에 넘어가지 않게 하였을 것이오. 그러나 사실로 내 나라는 이 세상에 속한 것이 아니오."
> (새번역 「요한복음」 18:36)

그러므로 죽음 앞에서 '마음이 고민에 빠져 있음을 고백하는' 예수, 그리고 자신을 팔아넘기기로 작정한 제자의 '속마음을 꿰뚫어 들여다보는' 예수, 그는 당대의 일반화된 헬레니즘 사조 곧 개개인 각각의 내면의식에 깊이 침투해 있는 영혼을 전제로 하는 것이다.

그리고 개개인이 각기 내면에 간직하고 있는 바로 그 영혼을 향해, '심령이 가난한 자' '마음이 청결한 자'가 되기를 가르치고 있다. 이렇게 예수의 메시지가 들어갈 만한 비어있는 '터' 곧 '가난한 심령' '청결한 마음'이 개개인에게 있었던 것은, 적어도 헬레니즘 시대에 점차 확장 일반화되어가는 개인주의와 그 각각에 내재하는 영혼이 이미 마련되어 있었기 때문이다.

---

12) John H. Randall Jr., ***Hellenistic ways of deliverance and the mking of the Christian synthesi***s. New York: Columbia University Press, 1970.

이렇게 「전도서」의 설교자가 품고 있던 두 가지 의문 또는 과제 가운데 한 가지가 풀리고 있다.

> "그 하나는 이제는 모든 사람이 그의 내면에 밀실처럼 간직한 자아의식을 가지고 있어서 그들이 도달하려는 천국이 개개인이 각기 간직하고 있는 그의 깊은 내면 의식 곧 그의 '가난한 심령' '청결한 마음' 가운데로 임한다는 것이다. 이렇게 개개인 각기에 내면 의식이 자리 잡는 데는 헬레니즘이라는 당대 사조에서 영향받은 바가 큰 것으로 이해할 수 있다."(위의 마디글 5.에서 따옴)

(220122)

## 7.

동서의 문명이 세차게 부딪히고 있는 헬레니즘 시대를 배경으로 해서 예수는, 이 땅에서 하늘에 이르기까지 만큼 멀기만 했던 천국을 바로 여기 땅 위에서 맞이할 수 있는 길을 열고 있다. 그러나 그렇게 땅 위의 역사 가운데로 임하는 영원의 천국은 분명히 헬레니즘 사조에서가 아닌 히브리 전통의 구약 시대에서 전해져 오는 것이다. 이는 「전도서」의 설교자가 땅과 하늘의 단절감을 토로하면서도 이미 다음과 같이 구약 시대의 유산을 전하면서 남기는 말 가운데 있다.

> "하나님은 하늘에 계시고 너는 땅에 있음이니라 그런즉 마땅히 말을 적게 할 것이라"(「전도서」 5:1)

> "또 사람들에게는 영원을 사모하는 마음을 주셨느니라 그러나 하나님[엘로힘; Elohim]이 하시는 일의 시종을 사람으로 측량할 수 없게 하셨도다"(「전도서」 3:11)

이렇게 「전도서」의 설교자는 인생이 경험하는 일상의 시간에, 하느님 엘로힘의 영원한 계획이 어떻게 펼쳐질 것인지 그 미래에 대하여 묻고 있다. 그러나 예수는 이 물음을 받아 미래에 임하는 시제 곧 그날과 그 징조는 아무도 넘겨잡을 수 있는 것이 아니라고 다시 경고한다.

> "예수께서 감람산 위에 앉으셨을 때 제자들이 조용히 와서 이르되 우리에게 이르소서 어느 때에 이런 일이 있겠사오며 또 주의 임하심과 세상 끝에는 무슨 징조가 있사오리이까 예수께서 대답하여 이르시되 너희가 사람의 미혹을 받지 않도록 주의하라 많은 사람이 내 이름으로 와서 이르되 나는 그리스도라 하여 많은 사람을 미혹하리라"(「마태복음」 24:3-5)

> "그러나 그날과 그때는 아무도 모르나니 하늘의 천사들도, 아들도 모르고 오직 아버지만 아시느니라"(「마태복음」 24:36)

그럼에도 헛된 노력과 노동으로 점철되는 땅 위의 시간과 끊임이 없이 진행하는 영원의 시간이 어떤 계제이든 서로 관계하여 합류하도록 지어졌다는 사실을, 「전도서」의 설교자와 예수가 공유하고 있음이 분명하다. 그러나 인간이 경험하는 덧없는 시간의 토막들과 끊임이 없이 펼쳐져 가는 영원한 우주적 시간 사이에 어떤 연결 관계도 찾을 수 없다고 판단하는 「전도서」의 연구자 메테 분바드의 다음과 같은 진술은 다시 돌이켜 볼 필요가 있다.

> "[「전도서」의 설교자에게] 개체 존재의 삶은 그 시간이 토막 나 있고 그의 과거나 미래와는 어떤 실질적인 연결도 없다."(p. 187)[13)]

> "인간 개인이 경험하는 삶과 우주적 시간의 실재는 긴장 관계에 있다. 인간이 경험하는 시간에는 연속성이 없다. 개인 존재의 유한성은 우주적 시간대에 참여하는 것이 아니라 충돌하는[단절되는] 관계를 이룬다."(pp. 292-293)[14)]

이는 인간이 경험하는 땅 위의 시간 안에 어떻게 영원한 심판자가 행하는 역사(役事)가 임하는지 그 관계를 쉼 없이 묻고 있는 설교자의 의도를 전적으로 간과하는 것이다. 설교자는 인생의 헛되고 헛된 모든 노력과 노동의 순간순간들이 원하든 원치 않든 영원의 시간으로 소멸 합류해 들어가는 데 대한 두려움을 거듭 토로하고 있다. 그 소멸 합류의 관계는 설교자의 다음과 같은 진술에서 분명하게 전제되어 있다.

> "무엇이나 다 정한 때가 있다. 하늘 아래서 벌어지는 무슨 일이나 다 때가 있다. 날 때가 있으면 죽을 때가 있고 심을 때가 있으면 뽑을 때가 있다. 죽일 때가 있으면 살릴 때가 있고 허물 때가 있으면 세울 때가 있다.

---

13) Mette Bundvad, ***Time in the Book of Qohelet***. Ph. D. thesis. Submitted to the Faculty of Theology, University of Oxford. 2012.

14) Mette Bundvad, ***Time in the Book of Qohelet***. Ph. D. thesis. Submitted to the Faculty of Theology, University of Oxford. 2012.

… [그러나] 하느님께서 어떻게 일을 시작하여 어떻게 일을 끝내실지 아는 사람은 하나도 없다는 것을 나는 알았다."(「전도서」3:1-11)

"이것이 인생의 모든 것이다. 좋은 일이든 나쁜 일이든, 심지어 남몰래 한 일까지도 사람이 한 모든 일을 하느님께서는 심판에 붙이신다는 사실을 명심하여라."(「전도서」12:13-14)

설교자는 '헛되고 헛되며 헛되고 헛되니 모든 것이 헛되다'라는 절규 같은 선언으로 시작해서 '헛되다'라는 말을 그의 짧은 인생론에서 36차례나 되풀이한다. 온 힘을 쏟아 넣는 인생의 모든 노력과 노동의 시간은 안개처럼 덧없이 사라져 간다는 절규이다. 이렇게 안개처럼 사라져 갈 뿐인 인생의 토막 나는 순간순간은, 그 토막 난 순간순간을 그토록 무자비하게 재단하는 역사의 심판자 엘로힘(elohim)이 관리하는 영원의 시간으로 소멸 합류해 들어간다고 설교자는 탄식한다.

그런데 이렇게 인생의 토막 난 순간순간이 영원한 시간으로 소멸 합류해 들어가는 무자비한 아니면 무의미한 관계가 예수의 산상 설교 첫 마디에 아주 집약적인 구원의 메시지로 전환되고 있다.

"심령이 가난한 자는 복이 있나니 천국이 그들의 것임이요"(「마태복음」5:3)

영원의 시간에서 단절되어 버림받은 땅 위의 인생을 향한 이처럼 단순하고 명쾌한 구원의 메시지는 일찍이 없었다. 이는 안개처럼 사라져 갈 뿐인 인생의 토막 나는 순간순간을 그토록 무자비하게 재단하던 심판자가 드디어 새로운 메시아 예수로 하여 천국의 메시지를 가지고 심령이 가난한 자, 마음이 청결한 자의 시간 가운데로 임한다는 소식이다.

이렇게 「전도서」의 설교자가 품고 있던 두 가지 의문 또는 과제 가운데 또 한 가지가 풀리고 있다.

> "다른 하나는 이 땅에서 하늘에 이르기까지 만큼 멀기만 했던 천국이 바로 여기 땅 위에서 이루어진다는 것이다. 그래서 현재와 영원, 이 땅과 저 하늘이 '합류 소통하는 역사'가 가능하게 된다. 이 땅의 역사 가운데로 임재하는 영원의 천국은 헬레니즘 사조에서가 아닌 히브리 전통의 구약 시대에서 전해져 오는 것이다."(위의 마디글 5.에서 따옴)

(220126)

ΣII.

# 새로운 시대 앞에 놓인 두 관문

## i.
## 천국/천명 앞에 선 마음
## —바리새파 사람과 맹자(孟子)의 경우

### 1.

고대문명 발상 이후 차츰 사람들 각자에게서 굳혀져 온 자아 본위의 관점은, 서유럽에서는 헬레니즘 시대의 거대 제국 체제 아래에서 출현한 개인주의자들 곧 스토아학파, 에피쿠로스학파 또는 회의주의자들이 대표하는 사상으로부터 그리고 고대 중국에서는 춘추전국 시대 말 맹자(孟子)에서 명대(明代)의 왕양명(王陽明)과 이지(李贄)에 이르기까지 발전을 거듭한 자기 자아 수양론(修養論)으로부터 폭발적으로 불어나게 된 흐름이다. 저 개인주의자들(1)과 자아 수양론자들(2)이 이끌어 온 두 갈래 시대사조의 기류를 요약하는 다음과 같은 연구가 있다.

(1) "[헬레니즘 시대에 이르러] 개인의 도덕적 관점이 각자의 중심을 잡게 되었다. … 사상가들은 인생의 길, 해방과 구원의 길을 모색하는 데 집중했다. 사람들은 [헬레니즘 시대에 팽창한 대제국 통치하의] 사회로부터 탈출해서 종교적 위로를 찾고 있었다."(p. 9) "무엇보다도 개인 그 자신의 가치를 중시하는 흐름이 이루어진 것이다."(p. 11)[1]

(2) "왕양명은 '자신을 완성한다'라는 주장을 제시하고, 도덕 함양을 자아 부정으로 파악하는 데에 반대하면서 덕성의 배양은 자아 확인과 자

> 아 긍정의 과정이라고 강조하였다. … 그러나 '자신의 완성'에서 요구하는 것은, 덕성 배양의 과정에서 개체성의 원칙을 구체화하는 것이었으며, 이것은 더 넓은 의미로 확장될 수 있는 논리적 가능성을 가지고 있었다. … 이지(李贄)가 개체성을 강조하여 동심설(童心說)을 형성한 것은 이러한 확장을 위한 이론적 전제를 마련한 것이다. 그리고 하늘이 한 사람을 태어나게 할 때는 그 한 사람이 가치가 있다는 …."(254쪽)
> "이지가 말한 사사로움은 개인의 특수 이익이나 요구와 연관된다. … 이것을 일러서 하늘이 이루어 놓은 것이라고 한다."(250쪽)[2)]

이렇게 인류 문명의 주요 흐름들이 결국에 개개인들로 하여 제각기 자신의 자아를 본위로 하는 도덕관과 세계관을 지키며 굳히도록 밀어왔다고 볼 수 있다. (220305)

## 2.

헬레니즘 시대가 꽃을 피우던 자아의식의 각성에 따르는 개인주의는 세상에 어떤 변화를 가져왔는가? 그런 개인주의 시대 풍토에서 이루어진 철학적 사조의 변화를 논의하는 루터 마틴(Luther H. Martin)은, 우선

---

**풀이말**

1) John Herman Randall, ***Hellenistic ways of deliverance and the making of the Christian synthesis***. New York: Columbia University Press, 1970.

2) 楊國榮,『陽明學 通論』 송하경 옮김. 서울: 박영사, 1994.

그런 변화의 핵으로서 움직였던 개개인 각각의 '고립감'을 끌어들인 한 고전학자의 다음과 같은 시대 묘사를 소개한다.

> "헬레니즘 시대의 모든 철학은 당시의 개인들이 실제로 소속하고 있는 체제로부터 분리되어 떨어져 나간 데서 일어나는 고립감에 관여하고 있다."(p. 332)[3)]

그래서 개인들은 전통적 통치체제에서 풀려나며 생긴 '고립감'을 덜기 위해 각기 비정치적 사적인 유대관계 또는 그룹을 만들고 모이는 경향이 이루어졌다. 그러므로 헬레니즘 시대의 분열 현상이 자아내는 풍토는 전혀 개인주의로 흘러가고 있는 것은 아니라고 볼 수도 있다. 이러한 시대의 흐름은 루터 마틴에 따르면, 오히려 '반(反)-개인주의(anti-individualism)' 경향을 이루면서 종교적 구원을 추구하게 되었다고 다음과 같이 말한다.

> "헬레니즘 시대의 문화적 분열은 어떤 개인주의 사조도 일으키지 않았다. … 그것은 다양한 대안의 하부 문화들(subcultures)을 만들어냈다. 이 시대의 하부 문화들은 당시에 이루어진 종교적 구원 형태 같은 사례들로 나타났다."(p. 125)[4)]

---

3) Patrick Atherton, "The city in ancient religious experience," ***Classical Mediterranean Spirituality***, ed. A. H. Armstrong. New York: Crossroad, 1989.

4) Luther H. Martin, "The anti-individualistic ideology of Hellenistic culture," ***Numen***, Vol. 41, no. 2. (May 1994).

그런데 헬레니즘 시대의 사조를 반드시 '반(反)-개인주의' 또는 그런 유행에 따르는 비정치적 사적인 '하부 문화들'로서 묘사해야 하는가? 헬레니즘 시대사조의 복합적 구조를 분석하고 있는 존 허먼 랜들(John Herman Randall Jr.)은 이미 '개인주의'라는 시대사조를 배경으로 해서, 전통적 통치체제에서 해방된 개개인들이 제각기 사적인 유대관계 또는 그룹을 만들어가는 경향이 이루어졌다고 풀이하고 있다.

> "정치적 결속 관계는 친구들 또는 형제들 사이의 유대관계로 대체되었다. … 무엇보다도 개인의 가치 그 자신의 가치가 강조되는 분위기가 지배하게 됐다."(p. 11) "인간은 그들의 삶에서 '그리스도와 함께 구원을 받는다.' … 그는 어떤 다른 법에 복종해야 할 의무에서 해방된다. 이를테면 도덕적인 또는 모세의 법에서 그리고 유대 의식(儀式)에 관한 법에서도 해방된다."(p. 154)[5]

그렇게 사람들 각각에 자아의식이 팽만하게 된 개인주의 풍토에서[6] 예

---

5) John Herman Randall Jr. ***Hellenistic ways of deliverance and the making of the Christian synthesis***. New York: Columbia University Press, 1970.

6) 『왜 *x*의 신학인가?』의 Σl.의 ii. "「전도서」에서"의 다음과 같은 설명 참고.

> "오늘 21세기에 다시 읽는 「전도서」는 아직 다하지 않은 어떤 메시지를 간직하고 있는가? … 그 과제의 하나는 이제는 모든 사람 개개인이 그의 내면에 밀실처럼 뿌리 깊은 자아의식을 가지고 있다는 것이다. … [저 내면의 밀실처럼 뿌리 깊은 자아의식]에 대응하는 새로운 메시아 예수의 다음과 같은 뜻밖의 메시지가 선포된다. '심령이 가난한 자는 복이 있나니 천국이 그들의 것임이요'(「마태복음」 5:3)"

수의 천국 메시지가 전해지고 있다는 것이다.

> "심령이 가난한 자는 복이 있나니 천국이 그들의 것임이요 … 마음이 청결한 자는 복이 있나니 그들이 하나님을 볼 것임이요"(「마태복음」 5:3-8)

이는 당대에 자아의식을 깨우친 개개인을 향해 전해지는 메시지이다. 그러나 그런 개개인이 아닌 어떤 모임이나 어떤 연대를 맺은 형제들에게 집합적으로 전하는 메시지가 아니다. 물론 저 메시지로 비롯하여 결국에는 모든 이웃, 모든 버려진 사람들, 나아가 어떤 원수에게도 같은 메시지가 파급되기를 기대하는 것이다. 이를 두고 예수의 메시지가 지향하는 바가 '반(反)-개인주의적'이라고 일컬을 수는 없다. 그러므로 루터 마틴의 이른바 '반(反)-개인주의'는, 헬레니즘 시대에 일깨워진 개개인들의 자아의식을 향한 메시지에서 비롯하는 동반 부수현상으로 이해할 수 있다.

따라서 저 개개인들의 '가난하고 청결한' 마음을 향하는 예수의 메시지는 동시에 당대에 랍비로 높임 받기를 즐기던 바리새파 사람들을 향한 혹독한 비판이 된다. 말하자면 바리새파에 대한 비판은, 당대의 '가난하고 청결한' 심령들 하나하나를 향한 메시지로 비롯해서 그 밖의 무리에 파급되는 동반 부수현상이다.

> "서기관들과 바리새인들이 모세의 자리에 앉았으니 그러므로 무엇이든지 그들이 말하는 바는 행하고 지키되 그들이 하는 행위는 본받지 말라 그들은 … 그들의 모든 행위를 사람에게 보이고자 하나니 곧 그 경

문 띠를 넓게 하며 옷 술을 길게 하고 잔치의 윗자리와 회당의 높은 자리와 시장에서 문안받는 것과 사람에게 랍비라 칭함을 받는 것을 좋아하느니라 … 화 있을진저 외식하는 서기관들과 바리새인들이여 너희는 천국 문을 사람들 앞에서 닫고 너희도 들어가지 않고 들어가려 하는 자도 들어가지 못하게 하는 도다"(「마태복음」 23:2-13)

이는 바리새파 사람들에게 치명적으로 들리는 경고이다. 그들의 외식하는 행태와 신앙은 그들 각자로 하여 결코 '마음이 가난하고 청결한 자'일 수 없게 하고 따라서 그런 각자의 마음으로는 천국을 맞이할 수도 없다는 것이다. 그런데 바리새파가 그들의 한 시대적 사명을 각성하고 출발할 때 품었던 순수한 신앙의 높은 뜻을 평가하는 다음과 같은 해명도 있다.

"바리새파는, 타협과 냉소의 시대에, 특히 대제사장을 지배하는 사두개파 사람들로 대표되는 종교 귀족정치에 대항하여, 이스라엘을 개혁하려는 열성적인 평신도 운동이었다. 바리새파는 율법의 의미에 깊이 관심을 가진 사람들이었다. 예수께서는 먼저 율법 교사인 서기관들과 바리새파 사람들을 존중한다."[7]

"초기의 바리새파는 자신들의 명예와 권력보다는 하나님이 주신 율법을 백성에게 제시함으로써 유일 신앙 공동체를 회복하고 이어가려는 종교적인 리더였다. … 처음 시작의 의도는 선하고 좋은 것이었지만 … 시간이 갈수록 처음의 신본주의적인 면은 적어지고 인본주의적인 면

7) **가스펠투데이** http://www.gospeltoday.co.kr

이 높아만 갔던 것이다. 이러한 문제가 뼛속 깊이 박혀 있다가 예수님이 이 땅에 오시면서 그것들이 터지게 되었다."[8]

그러나 이후에 그들은 모세가 전하는 율법을 입으로는 외치면서도, 사람들에게 보이기 위한 겉치장과 행위를 하며 그렇게 해서 높임을 받는 자리에 앉기를 즐기는 자들로 변질하여 갔다. 그렇게 이제 그들은 외식하는 행위로써 '가난하고 청결한' 마음으로 천국을 향하기에는 너무 먼 거리에서 자기 자만(自滿), 자기 당위(當爲)의 삶에 빠지게 된 것이다. 그러므로 그들의 외식(外飾)하는 행위를 경계하는 예수의 가르침을 듣게 된다.

"또 너희는 기도할 때에 외식하는 자와 같이 하지 말라 그들은 사람들에게 보이려고 회당과 큰 거리 어귀에 서서 기도하기를 좋아하느니라 … 너는 기도할 때에 네 골방에 들어가 문을 닫고 은밀한 중에 계신 네 아버지께 기도하라 … 또 기도할 때에 이방인과 같이 중언부언하지 말라 그들은 말을 많이 하여야 들으실 줄 생각하느니라 그러므로 그들을 본받지 말라 구하기 전에 너희에게 있어야 할 것을 하나님 너희 아버지께서 아시느니라."(「마태복음」 6:5-8)

그들은 천국을 향해 열려있는 '마음이 가난하고 청결한 자'이기에는 이미 지나치게 자기들 행위의 정의로움, 자기들의 높임 받을 만한 자격에 대해 흔들릴 수 없는 자만(自滿)의 믿음을 지니고 있었다. (220307)

8) 김신승, "바리새파 이해와 예수 신학" https://blog.naver.com/jim2008/110106395123

## 3.

고대 중국 철학의 전통에서는 하늘로부터 전해져 온다고 믿는 운명 또는 명령을 어떻게 이해하고 있었는가? 공자는 "천명(天命)을 모르면 군자일 수 없다."(「堯曰篇」)[9]라고 단언하며 다른 한쪽에서는 "귀신을 공경하되 멀리하는 것이 지혜롭다."(「雍也篇」)[10]라고 말하기도 한다. 공자가 귀신의 실재를 부정하지 않으면서 그것을 멀리하려는 뜻은 어디에 있는가? 천명을 깨달아 받아들이고 귀신을 섬기되 멀리하려는 뜻은 바로 사람이 스스로 자만(自滿)할 수 있는 존재가 아니라는 자각이 앞서기 때문이다.

그러므로 "군자는 자기 자신에게서 찾는다"(「衛靈公篇」)[11]라고 말한다. 자기 자신에게서 찾는 그의 접근 자세를 이른바 '반구'(反求)의 방법으로 요약할 수 있는데, 그러나 이는 자기에게 돌아가 자기 자아를 찾고 자아의 뜻을 세운다는 것이 아니다. 자기 자아를 찾아서 자아를 지키려는 것도 아니다. '반구'는 자기 아닌 상대로부터 들려오는 신호에 따라 자기를 풀고 비우며 자기가 취할 자세를 구하는 것이다. 이렇게 자기가 타자 때로는 천명을 향해 열린 자세를 가다듬는 데서 공자의 태도는 다음과 같았다고 전한다.

---

9) "不知命, 無以爲君子也." 『論語』 「堯曰篇」

10) "敬鬼神而遠之, 可謂知矣." 『論語』 「雍也篇」

11) "君子求諸己." 『論語』 「衛靈公篇」

"공자는 네 가지를 하지 않았다. 자기 뜻대로 생각하지 않았고, 꼭 이래야 한다고 하지 않았고, 고집하지 않았으며, 자아를 내세우지 않았다." (「子罕篇」)[12]

공자가 이렇게 '반구'에서 찾으려는 것은, 고대문명 발상 이후 대개 철학자들이 그리스나 중국에서 그랬듯이 신이나 초월적 존재로부터 자주적으로 분리되어가는 인류 자아의 정체성 또는 주체성을 세우려는 데에 있지 않았다. '반구'란 오히려 인간 자신의 운명과 그의 처신에 있어서 절대 한계로서 다가오는 자기 밖의 타자 또는 천(天)의 소리에 귀를 기울이며 자기의 처신을 찾고 묻는 태도이다.

초월하는 타자 또는 천에 대해 반구의 태도로써 접근하는 공자(B.C.E. 551-479)의 자세는 오래된 역사를 배경으로 하는데 대략 B.C.E. 13세기에서 B.C.E. 10세기 사이에 이루어졌던 은대(殷代)의 신정체제(神政體制)[13]에서 비롯하는 것이다. 그 당시에 자신을 근신하는 자세로써 초

12) "子絶四. 毋意, 毋必, 毋固, 毋我." 『論語』「子罕篇」

13) 은대(殷代)의 신정체제(神政體制)에 대한 설명을 고고인류학자 장광즈(張光直) 교수가 다음과 같이 정리하고 있다.

"갑골(甲骨) 복사(卜辭) 가운데는 상대(商代)의 제왕들이 날씨, 제사, 정벌, 수렵 등에 관하여 점치는 내용이 기록되어 있다. 또한 '王果曰: ….'로 시작되는 문장은 모두 기후, 국토, 재앙, 질병 등과 관련된 일들이다. 복사의 기록에 의하면, 당시 제왕들만이 유일하게 예언권이 있었음을 알 수 있다. 복사 중에는 또한 왕이 무당춤을 추며 기우제를 올리는 장면이나 꿈을 해몽하는 등의 기록이 보이는데, 이로써 왕들의 행위가 바로 무당의 일과 같았음을 알 수 있다."(86쪽) 張光直, 『신화, 미술, 제사』 이철 옮김. 서울: 동문선, 1990, 1995.

월적 타자 또는 천(天)을 향해 묻고 답을 구하던 숱한 기록들을 남기고 있다.

> "왕실에서 집행하는 일에 관련된 거의 모든 중요한 사항—예를 들면, 邊方의 부족들과의 전쟁; 왕이 친히 나서는 순찰, 정벌, 사냥; 제사의 형식과 택일, 祭物의 선택; 자연의 재해 또는 풍부한 수확의 여부; 열흘(旬) 동안 또는 저녁에 일어날 일의 吉凶禍福—에 대한 점을 쳤다. 그 점복과 제사의 대상으로는 天神으로서 上帝를 비롯한 日, 風, 雨, 云이 있고 地神으로서 四方과 山河 같은 것이 있고 祖神으로서 先王, 先公, 先妣 같은 것이 있다. 그 가운데서 上帝인 天神은 문의와 祈求의 최고 대상이어서 그 많은 文例를 남기고 있다."(89-90쪽)[14]

> "그는 의문과 기구(祈求)를 던지며 그것이 전해질 미지의 상제(上帝)를 향하여 두려운 마음으로 자기 자신을 비운다. 은대(殷代)의 정인(貞人)도, 은의 잔당(殘黨)을 토벌하고 예교덕치(禮敎德治)를 주장한 주공(周公)도, 주공을 꿈에서 그리던 공자도 … 모두 받들어 모시는 상제를 향하여 근신하며 자신의 할 바를 찾았다. 그들은 쉼 없는 반구(反求)의 역사 가운데서 저 받들어 모시는 상제를 향해 그 정체성(identity)을 추적하려 하지 않으며 자기 자신의 뜻하는 바를 결의(決意)하기를 삼가는 자리에 놓인다." (98쪽)[15]

---

14) 4. "古代漢語와 原始反求: 철학사 비판," 『안티호모에렉투스』 (2001년 초판) 사월의책, 2017.

15) 4. "古代漢語와 原始反求: 철학사 비판," 『안티호모에렉투스』 (2001년 초판) 사월의책, 2017.

그러나 공자 이후 맹자(B.C.E. 372?-289?)에서 왕양명(C.E. 1527-1602)에 이르는 발전 과정에서 인간 자아는 그의 고유한 정체성 또는 주체성을 적극적으로 찾아 세우려는 철학적 모색을 해 왔다. 맹자와 왕양명은 그들이 모색하는 자아 존재의 주체성 또는 자아의식의 확장성을 각기 이렇게 대표하고 있다.

> "자기의 마음을 다하면 자기의 성(性)을 알고 자기의 성을 알면 하늘을 안다. 자기 마음을 지키고 자기 성을 키움으로써 하늘을 섬긴다." [그렇게] "모든 사물의 이치가 나에게 갖추어져 있다."[16)]

> "사물의 이치는 나의 마음 밖에 있지 않으니, 나의 마음 밖에서 사물의 이치를 구한다면, 사물의 이치란 없는 것이다." [따라서] "[사물의 이치가] 마음 안에 있음은 하늘로부터 얻은 것임이라. 하늘과 사람 사이의 틈이 없고(無間) 옛날과 오늘의 갈림이 없다(無分)."[17)]

이 같은 자아 존재의 주체성 또는 자아의식의 확장성은, 문명 발상 이후 중국 사상사에서 그리고 한국 사상사에서도 이른바 '수양론'(修養論)이라는 도덕적 이상(理想)으로서 지향하며 구현하려는 바가 된 것이다. 나아가 한국 사상사에서는 자아의 수양론을 더욱 배타적으로 주체화 또는 배타적으로 확장하는 추세를 보여주는 다음과 같은 연구 보

---

16) "盡其心者, 知其性也. 知其性, 則知天矣. 存其心, 養其性, 所以事天也." "萬物皆備於我." 『孟子』「盡心上」

17) "夫物理不外於吾心, 外吾心而求物理, 無物理矣." "心也者, 吾所得於天之理, 無間於天人, 無分於古今." 『王陽明 全書』 卷 2. 그리고 卷 21.

고도 있다.

> "목은(牧隱 1328-1396)은 중국 유학의 핵심인 천인합일(天人合一)을 '천인무간(天人無間)'으로 바꾸어놓았다. 하늘과 사람이 애초부터 사이가 없이 하나로 통해 있다는 것이다. 이러한 전제에는 한국인 고유의 천인 일체 사상이 밑받침되고 있음을 알 수 있다. '천인무간'의 전제에서 보면 사람은 원래 하늘과 사이가 없는 하늘과 하나로 연결된 존재이기 때문에 … 하늘의 모습을 되찾기 위한 철저한 수양(修養) 철학을 발달시킨다. '천인무간'의 전제에서 보면 하늘과 하나인 사람들이 살고 있는 이 땅이 또한 천국이 되어야 한다."[18]

자기 자아의 계발 및 수양에 의해 천인무간(天人無間)을 깨우침으로써 이 땅에 천국이 마련된다는 것이다. (220308)

4.

'모든 사물의 이치가 나에게 갖추어져 있다' '나의 마음밖에 사물의 이치란 없는 것이다' 나아가 '하늘과 사람이 애초에 사이가 없는 것이다' 이처럼 자기 존재의 주체성 나아가 자아의식의 확장성을 추구해 온 수양론에 따름으로써 과연 사람은 우주와 하늘의 섭리를 자기의 소관으로 만들어낼 수 있었는가? 그런 추세를 따라 인간은 다만 자기 자만(自滿)

18) 이기동, "목은(牧隱)의 사상과 한국 유학의 세 흐름," 『韓國思想과 文化』 제25집, 2004.

나아가 자기 자만(自慢)에 빠지는 길에 들어서게 되는 것이 아닐까?

세상에 몸을 드러낸 한 개체 존재 $x$는 실로 자신이 의식하지 못하는 태초의 기억 그래서 영원의 기억을 지니고 있다고 말할 수 있기는 하다. 그럼에도 한 개체 존재 특히 한 인간이 하늘과 사이가 없는 위치에 놓일 수 있다는 상상은, 한 인생으로서의 금도를 지나친 행위일 수 있다. 이는 은대(殷代)의 신정체제(神政體制)에서 공자에 이르기까지 발전해 온 이른바 '반구'(反求)의 자세를 저버리고, 자기 수신(修身), 자아 수양(修養)이라는 이념을 가지고 지나치게 밀고 나가서 드디어 '자만(自滿) 나아가 자만(自慢)'에 이르렀다고 이해할 수밖에 없는 것이다.

여기에 헬레니즘 시대에 팽배하던 자아 본위, 자기 자만의 개인주의를 경고한 예수의 메시지가 다시 떠오른다.

> "심령이 가난한 자는 복이 있나니 천국이 그들의 것임이요 … 마음이 청결한 자는 복이 있나니 그들이 하나님을 볼 것임이요"(「마태복음」 5:3-8)

바리새파 사람들에게 엄중한 경고로서 던져졌던 저 메시지는 마찬가지로 자기 자만, 자아 본위의 수양론에 빠졌던 이들에게도 해당하는 것이다. 그러므로 자기 자만, 자아 본위의 수양론으로는 공자가 귀 기울이려는 천명에도 그리고 예수가 전하는 천국의 메시지에도 다가갈 수 없는 자리에 주저앉게 되는 것이다. (220310)

## ii.

## 태초의 말씀은 말씀이 아니다
## — 왜 '†' 또는 '*X*( )'인가?

### 1.

인류의 보편적 사고방식은 고대 문명 이후 온갖 모양으로 부풀려진 언어와 기호 체계에 갇혀 있다. 그러해서 고대 유대 전통의 야훼(YHWH) 신앙 이후 구약이 마감하는 시대에 이르기까지 그 메시지의 핵심 곧 초월적 심판자의 '역사(役事) 행위'로서의 '말씀'(λόγος)은, 인류 문명 이후 발달해온 또 하나의 말씀(λόγος) 곧 언어와 기호 체계에 따르는 개념 정의 또는 범주 체계 가운데서 이해 불가능한 것으로 보인다.

로고스(λόγος)를 세계 질서를 대표하는 실재로서 이해한 최초의 인물은 고대 그리스 철학자 헤라클레이토스(B.C.E. 535-475)라고 전해오는데, 이후에 등장한 플라톤(대략 B.C.E. 427-347)은 그 로고스를 개념 분석과 그에 따르는 범주 체계로 박제화(剝製化)시킨 대표적 철학자다. 그런 유의 개념 분석과 범주 체계로써 이루어지는 철학적 사유의 원조로서 서구에서는 플라톤을 그리고 고대 중국에서는 노자(대략 B.C.E. 570-479)를 들 수 있다.

그런 유의 개념 분석과 범주 체계로써 이루어지는 철학적 사유의 끊임없는 사례들이 동서양의 사상사를 이어가고 있다. 특히 플라톤과 노자에게서 비롯하는 그 원조 사례 가운데서 추출 가능한 동서양(1)(2) 공통의 '분석론'을 다음과 같이 요약할 수 있다.

(1) "플라톤과 아리스토텔레스에게서도 하나의 분석론이 그들의 주요한 철학적 방법으로 움직였다. 그들의 분석론은 형상(이데아 또는 에이도스)이라는 개념의 외연이 크고 작은 범위에 따라 포함 관계가 이루어지는데, 다시 이 포함 관계에 따라 비로소 논리적 추론 관계를 형식화할 수 있었다. 아리스토텔레스의 삼단논법은 바로 플라톤이 개시한 개념의 외연이 크고 작은 데에 따르는 위계(位階)에 의해 형성된 연역적 추론 관계이다."(66-67쪽)[1]

(2) "이러한 분석론의 전략은 서양철학 전통에만 고유한 것인가? 노자와 공자 그리고 다시 맹자에서 왕양명에 이르기까지 중국 철학자들의 체계를 구축하는 바탕에서도 하나의 분석론이 움직이고 있음을 확인할 수 있다. 특히 노자의 『도덕경』에는 미추(美醜), 선악(善惡), 고하(高下), 유무(有無) 같은 것들의 상반상성(相反相成) 또는 대대(對待)라는 정합적 관계(『도덕경』 제2장 보기)가 그의 세계관의 한 패턴을 이루는데, 이 정합적 관계는 그렇게 상반 대대(對待)하는 성분(成分)개념들에 대한 분석이 선행함으로써 구축 가능했던 것이다. 만약 정합적 체계를 구축하는 성분개념들에 대한 분석적 이해가 없었다면 중국철학사를 관통하는 상반상성 또는 대대의 관계론은 뿌리내릴 수 없었을

---

**풀이말**

1) 『진리의 패권은 사람에게 있는 것이 아니다』 고양, 경기: 사월의책, 2019.

것이다."(68쪽)[2]

그러나 이렇게 치밀한 분석론의 방법적 전통에 따르는 동서양의 철학사는 그들 자신이 소속해 있는 자연과 역사를 인식하는 데 있어 어떤 한계에 부딪히고 있는가? 왜 인류가 사용하는 언어와 기호 체계들은, 현상계에서 쉼 없이 출현과 소멸을 거듭하는 사물 사건들이 뿌리내리는 궁극의 원리를 인식하는 데에 오히려 걸림돌이 되는가? 인류가 오랜 역사 가운데서 정밀하게 가꾸어온 언어와 범주 체계 곧 그들의 소중한 '말씀'(λόγος)이라는 매체는 어떤 경우에 오히려 방해물인가?

> "현상계에서 출현과 소멸을 거듭하는 존재들의 진정한 시작과 종결 지점, 말하자면 출현과 소멸을 거듭하는 것들이 통과하는 시간의 끝이 없는 뿌리를 추적해 들어가서 확인하는 것이 불가능하다. 이를테면 생명의 개별적 사망과 멸종 아니면 빅 크런치(big crunch) 같은 사건들은 일상의 형태 발생 과정이 아닌 '형태 붕괴' 또는 '형태 부재(不在)'라는 알 수 없는 심층의 바탕으로 함몰해 들어간다."(72쪽) "그렇게 추적 불가능한 궁극의 가상(假想) 근거는 오직 $x$로밖에는 가리킬 방법이 없다. 출현과 소멸을 거듭하는 모든 것들이 뿌리를 내리는 그 경계 너머에 $x$가 있다."(73쪽)[3]

(220318)

---

2) 『진리의 패권은 사람에게 있는 것이 아니다』 고양, 경기: 사월의책, 2019.

3) 『진리의 패권은 사람에게 있는 것이 아니다』 고양, 경기: 사월의책, 2019.

2.

왜 태초의 말씀은 사람의 말씀이 아닌가? 그럼 태초의 말씀이란 무엇인가? 「요한복음」의 기록자는 그의 첫 장을 이렇게 시작하고 있다.

> "태초에 말씀이 계시니라 이 말씀이 하나님과 함께 계셨으니 이 말씀은 곧 하나님이시니라"(「요한복음」 1:1)

자연과 거기에 태어난 생명은 어떻게 세상에 출현할 수 있었는가? 생명은 그리고 자연의 모든 것은 그의 태초를 기억함으로써 그의 정체성을 유지할 수 있다. 강을 흐르는 물도 거기서 뛰어노는 한 마리의 연어도 그 태초의 기억을 유지함으로써 그러한 모양과 생태를 지니고 있는 것이다. 모든 것은 그 태초의 기억을 재연(再演)하며 육화(incarnate) 또는 환생(reincarnate)하고 있다.

그렇게 태초의 말씀은 태초의 기억 $x$로서 영원의 시간을 흐르는데 그러나 그 흐름을 거슬러 올라가 태초의 기억을 인간의 언어와 해석으로 끌어낼 수 없다. (220306)

인간이 세상 만물을 인식하고 관리하는 데 쓰이는 매체로서 사람의 '말씀'(Word) 또는 로고스(λόγος)가 있다. 그리고 초월하는 심판자 또는 신이 세상 만물의 시간을 펼치고 그 가운데서 역사(役事)하는 행위 자체를 대표하는 태초의 '말씀' 또는 '로고스'가 있다.

태초의 말씀으로서 로고스는, 고대 그리스 전통 특히 플라톤으로 비롯하는 개념 또는 범주분석 이를테면 '나눔과 모음'으로 대표하는 질서와 체계 같은 것으로는 이해할 수 없다. 물론 플라톤이 분석하고 체계화하는 개념 또는 이데아도 육화되어 현실화하는 결과를 가져오는 것이다.

그러나 초월하는 심판자 또는 신에서 비롯하는 '태초의 말씀' 또는 히브리 성서에서 전해오는 말씀 '멤라'(Memra)는 '세상 만물을 창조할 뿐만 아니라 그렇게 펼쳐지는 시간 가운데로 들어와서 역사(役事)하는 행위' 자체를 가리키는 것이다. 이는 고대 그리스 전통으로부터가 아니라 고대 히브리 전통으로부터 유래하는 말씀 '멤라'(Memra)이다. 따라서 「요한복음」(1:1)에서 선언하는 '태초의 말씀'은, 동서양의 철학사에 등장하는 철학자들의 개념 분석과 그들의 범주 체계에서 비롯하는 사람의 말씀과는 같은 수준의 일을 하는 것일 수 없다. 그러므로 태초의 말씀은, 사람의 말씀 곧 그의 주장이나 명제로써는 접근할 수 없는 근본적인 '존재 행위'이다. 태초의 말씀은 이른바 '진리의 패권'을 행사하는 모든 수준의 '존재 행위'이다. 이는 인류의 철학적 사유가 아직 아니 영원히 이르지 못할 행위와 인식의 단계로 보인다.

말하자면 "칸트 이후 하이데거와 사르트르에 이르기까지, 그리고 맹자에서 왕양명에 이르기까지 그리고 그 밖의 역대의 철학자들이 추구했으나 이르지 못한 '자아 인식'의 코페르니쿠스적 혁명을 완성할 때에 비로소 다만 이해 가능한 단계이다. 그래서 코페르니쿠스적 혁명의 완성 단계에서 인류를 포함한 땅위의 모든 시간의 것들은 이렇게 시인하게 될 것이다. '진리의 패권은 사람에게 있는 것이 아니다.'"(25-26쪽)[4)]

---

4) 위의 따온글에 약간의 수정을 가함. 『진리의 패권은 사람에게 있는 것이 아니다』 고양, 경기: 사월의책, 2019.

요한이 알려주는 태초의 말씀(λόγος)이란 고대 히브리 전통에서 비롯하는 야훼의 말씀 곧 야훼의 '멤라'(Memra)를 뜻하고 있음이 분명하다. 고대 히브리 전통에서 비롯하는 야훼의 말씀 곧 그 '멤라'의 고유한 뜻을 찾는 한 연구자는 고대 히브리 성서의 아람어 풀이말번역본 타르굼(Targum)에서 따온 다음과 같은 「민수기」의 한 마디를 소개하고 있다.

> "하느님의 말씀(Memra)은 사람의 말씀과 같지 않다. 하느님의 행위는 사람의 행위와도 같지 않다. 사람은 말을 하고 실행하지는 않는다. 그는 선언하지만 실현하지는 못한다. 그는 그의 말한 바를 어긴다. 하느님은, 그러나, 말하는 바를 실행한다. 그이는 선고하고 실행한다. 그의 예언의 말씀은 영원히 확고하다."(**Targum Neofiti Numbers** 23:19)[5)]

그러므로 「요한복음」(1:1)에서 '태초의 말씀'으로 전하는 로고스(λόγος) 곧 '멤라'(Memra)의 온전한 뜻은, 고대 그리스 전통에서 비롯하는 로고스(λόγος)에서 그 뿌리를 찾을 수 없는 것이다. (220311)

3.

땅 위에서 토막 나는 시간의 흐름을 초월하는, 그럼에도 여기 덧없는 땅 위의 시간 가운데로 들어와 역사하는 영원의 존재로서 태초의 말씀을 사람의 말씀이 아닌 무엇으로 대표할 수 있을까? 20세기의 신학자 카를 바르트는

---

5) Viktor J. Toth, "The Role of Memra in Ditheist Jewish Beliefs," ***Fuller Theological Seminary***, Feb. 2021.

이렇게 말했다.

"신의 말씀이라는 것은 신이 말한다는 것이며 신이 말할 때는 '상징의 기호'로써 하는 것이 아니다."(pp. 132-133) "신의 말씀은 그 자체가 그의 행위이다. … 신의 말씀은 최상의 의미에서 역사를 만드는 것이다." (pp. 143-144)[6)]

그리고 그렇게 땅 위의 시간 가운데로 들어와 역사하는 초월의 행위자 곧 신의 말씀하는 모양을 바르트는 다음과 같이 묘사한다.

"주 예수 그리스도. 이 이름 안에서 두 세계가 만났다가 헤어지는데, 이는 기지의 것과 미지의 것 두 개의 차원이 교차하는 사건이다. … 기지의 수평 세계를 향해 미지의 존재가 위로부터 수직으로 가로질러 내려오는 것이다."(pp. 29-30)[7)]

그렇게 땅 위에 존재하는 것들을 향해 '위로부터 수직으로' 내려와서 일으킨 한 사건을 가장 원시적으로 나타내는 하나의 그림은 †이다. 한 특정한 시대 공간 가운데서 일어난 이 사건은, 모든 한계 격파 또는 한계 초월의 사건 가운데 한 사례를 대표한다. †의 모양으로 일어난 이 사건은 곧 땅 위의 시간 가운데로 들어와서 창조하며 쉼 없이 역사하는 '신의 말씀'이다.

---

6) Karl Barth, ***The doctrine of the word of God*** (Prolegomena to Church Dogmatics, being Vol. I, Part I), trans. G. W. Bromiley, Edinburgh: T.&T.Clark, 1936, 1975, 1980.

7) Karl Barth, ***The epistle to the Romans***, trans. E. C. Hoskyns, Oxford: Oxford University Press, 1933, 1968.

신의 말씀은 그 자체가 그의 행위, 그의 역사이다. 신의 말씀이라는 것은, 사람이 그의 개념, 그의 범주에 의지해 어떤 대상을 만들고 가리키는 사람의 말씀과 같은 것이 아니다. 그러므로 신의 말씀, 신의 행위는 사람의 말씀에 의지해 인식하거나 대상화할 수가 없는 것이다. 신은 그의 말씀, 그의 행위로써 세상의 있는 것을 만들고 대상화할 수 있지만, 그 자신은 세상에 있는 어떤 것, 어떤 말씀에 의해서도 대상화될 수 없는 절대 무언(無言)의 실재 곧 *X*라고 가칭할 수밖에 없는 존재이다. 말씀(λόγος)으로서 움직이는 신 그는 대상화될 수 없으므로 다만 사람이 하는 모든 종류의 말씀(λόγος)을 '무효화(無效化)하는' *X*라고 가칭하는 것이다.

신의 말씀이 세상의 있는 것을 향해 수직으로 가로질러 내려오는 격파의 행위 † 곧 그 무효화하는 행위를 일반화하는 모든 경우의 그림을 '*X*(~~*x*&¬*x*~~)'에 다름 아닌 '*X*(　)'로써 대표한다. 여기서 (　) 안에 들어간 세상의 모든 것 그리고 세상 사람의 말씀(λόγος)은, 그것들을 향해 수직의 모양으로 내려오는 신 곧 태초의 말씀(λόγος) *X*에 의해 모두 무효화 또는 무력화(無力化)된다.

그러므로 이렇게까지 말하기도 한다. "성경에 쓰여 있는 말씀조차 신의 말씀은 아니다. 그것은 다만 세상의 주(Lord)이신 신을 만나는 통로로서 매체일 뿐이다."[8] 왜냐하면 인간이 사용하는 언어인 말씀은 하나의 '매체'일 뿐, 그런 매체가, '행위'이며 '역사'인 태초의 말씀 곧 '멤라'(Memra)가 작동하는 수준에는 이를 수 없기 때문이다.

---

8) "The Word of God in the Words of Men" https://www.ligonier.org/learn/devotionals/word-god-words-men

대체 영원을 흐르는 장구한 우주와 자연의 역사 맥락에 비추어보면, 우리 인류는 스스로 나타났거나 스스로 사는 것이 아니다. 인류는 이미 펼쳐져 있는 우주와 자연의 장구한 역사 가운데서 한 토막 제한된 시간의 영역 ( ) 안에서 태초의 말씀 *X*가 허용하는 자유를 가지고 살며 말하고 있다.[9]

그래서 창조하며 역사하는 신의 행위로서 '태초의 말씀'(Memra)이란, 그리스 전통 철학자들의 개념 분석과 범주 체계에서 비롯하는 말씀(λόγος)을 가리키는 것이 아니고, 구약시대의 아브라함이나 모세에게 전해진 야훼의 말씀(λόγος) 곧 '멤라'(Memra)에 뿌리를 둔다는 다음과 같은 사실을 확인할 수 있다.

> "이후에 여호와의 말씀이 환상 중에 아브람에게 임하여 이르시되 아브람아 두려워하지 말라 나는 네 방패요 너의 지극히 큰 상급이니라"(「창세기」 15:1)

> "모세가 와서 여호와의 모든 말씀과 그의 모든 율례를 백성에게 전하매 그들이 한 소리로 응답하여 이르되 여호와께서 말씀하신 모든 것을 우리가 준행하리이다"(「출애굽기」 24:3)

---

9) 여기서 우리는 20세기의 정신분석가 지그문트 프로이트(1856-1939)에 앞서 더 욱 깊은 심층 존재 분석을 제안했던 게오르그 그로데크(1866-1934)의 다음과 같은 설명을 참고할 필요가 있다. "한 인간은 미미한 피상적 의미에서 '나는 살고 있다'라고 말할 수 있다. 실은, '[알 수 없는] 그것(das Es)이 나의 삶을 살고 있다' "(p. 73) Georg Groddeck, ***The World of Man***, Authorized trans. V. M. E. Collins. London: Vision Press, no date.

그러므로 태초의 말씀은, 세상에 펼쳐지는 한 토막 한 토막의 시간대 ( ) 가운데로 가로질러 내려와 역사하는 자의 절대적 행위 '$X$($x$&¬$x$)' 곧 "$X$( )"를 가리킨다. 그렇다면 왜 굳이 수직의 모양으로 가로질러 내려치는 경우의 모양을 '$X$($x$&¬$x$)' 곧 '$X$( )'로써 묘사하는가? 그것이 가로질러 닥쳐오는 경우의 무한한 다양성을 그림으로써 포섭하기 때문이다. 세상의 개체 존재 하나하나가 지니는 영원의 기억 $x$와 그로 말미암은 ¬$x$가 각기 무한히 다양한 개체성을 실현하고 있음에도, 태초의 말씀 $X$는 그런 다양한 개체성을 향해 한결같이 무력화 또는 무효화할 수 있는 심판의 행위이다.

그래서 공자는 자기에게 전해질 천명을 깨닫는 데에 성숙의 시간이 걸린다고 이해했고 그래서 "毋意, 毋必, 毋固, 毋我."(『論語』「子罕篇」) 곧 '자기 뜻대로 생각하지 않고, 꼭 이래야 한다고 하지 않고, 고집하지 않으며, 자아를 내세우지 않는다.'라고 하며, 비어있는 마음 ( ) 안에서 자기 자아의 개체성 또는 주체성을 스스로 무효화하고 있다.

예수 또한 세상의 덧없는 시간의 것들에 눌려 있는 마음을 가난하게 비워서 청결한 자에게 천국의 길이 열린다고 일러준다.

그렇게 천국/천명 앞에 선 자는 그가 소속하는 땅 위의 시간 ( ) 가운데서 쌓여온 자만(自滿) 또는 불만(不滿)이 안개처럼 사라져가는 일체 부재화(不在化)의 길로 들어서게 된다. (220322)

4.

이렇게 「전도서」의 설교자가 묻고 항의하던 난관의 문제가 그 해답을 얻는다. 설교자는 그때 항의하듯 이렇게 그의 의문을 던졌었다.

> "전도자가 이르되 헛되고 헛되며 헛되고 헛되니 모든 것이 헛되도다 해 아래에서 수고하는 모든 수고가 사람에게 무엇이 유익한가 한 세대는 가고 한 세대는 오되 땅은 영원히 있도다"(「전도서」 1:2-4)

> "의인과 악인, 선한 자와 깨끗한 자와 깨끗하지 아니한 자, 제사를 드리는 자와 제사를 드리지 아니하는 자에게 일어나는 일들이 모두 일반이니 … 모든 사람의 결국은 일반이라 이것은 해 아래에서 행해지는 모든 일 중의 악한 것이니"(「전도서」 9:2-3)

다른 한글 말본으로 된 〈공동번역〉은 그 마지막을 이렇게까지 표현하고 있다.

> "모든 사람이 같은 운명을 당하는데 하늘 아래서 벌어지는 일 중에서 잘못되지 않은 것이 무엇이 있겠는가?"(「전도서」 9:3)

사람이 그가 소속한 한 토막의 시간 안에서 힘써 행하는 모든 노력과 노동은 잠깐 이후 헛된 꿈처럼 잊히며 영원으로 사라져간다. 이렇게 토막 나는 시간과 그런 시간을 삼키는 영원 사이의 화해할 수 없는 관계를 B.C.E. 3세기에서 2세기의 설교자 코헬렛이 되풀이해서 토론한다. 그런 이후 한 200년이 지나 새 시대의 메시아 예수는 다음과 같은 메시지를 선포한다.

> "심령이 가난한 자는 복이 있나니 천국이 그들의 것임이요 … 마음이 청결한 자는 복이 있나니 그들이 하나님을 볼 것임이요"(「마태복음」 5:3-8)

> "화 있을진저 외식하는 서기관들과 바리새인들이여 잔과 대접의 겉은 깨끗이 하되 그 안에는 탐욕과 방탕으로 가득하게 하는 도다 눈먼 바리새인이여 너는 먼저 안을 깨끗이 하라 그리하면 겉도 깨끗하리라"(「마태복음」 23:25-26)

이렇게 마음 비우기를 권하는 경고의 메시지를 덧붙인다. 그리고 마음을 비울 때는 그가 소속하는 시간/시간대에서 겪는 온갖 불합리 부조리한 '이 세상' 일에 대한 모든 자만과 불만을 버려야 함을 다음과 같이 암시한다.

> "예수께서 답하셨다. '내 나라는 이 세상에 속한 것이 아니오. 나의 나라가 이 세상에 속한 것이라면, 나의 부하들이 싸워서, 나를 유대 사람들에게 넘어가지 않게 하였을 것이오. 그러나 사실로 내 나라는 이 세상에 속한 것이 아니오."(새번역 「요한복음」 18:36)

여기서 설교자 코헬렛은 그의 의문과 항의로 인해 눌려 있던 무거운 짐에서 해방된다. 마음이 가난하고 청결한 자는, 그가 땅 위에서 하는 노력과 노동으로 말미암은 자만(自滿)과 불만(不滿)으로 가득한 시간의 토막들을 모두 (  ) 안으로 부재화해서 비워 버린다. 땅 위에서 이루어진 이 세상의 모든 일을 태초의 말씀으로 부재화해 버리는 (  ), 곧 가난하고 청결한 마음 (  ) 가운데서, 천국의 메시지 $X$를 맞이하게 되는 것이다.

저 예수의 메시지에서 헬레니즘 시대와 히브리 전통의 신앙이 어떻게 합류하는지를 볼 수 있다. 헬레니즘 시대에 하나하나로 해방된 마음을 깨우친 개인들이 각기 지닌 무거운 짐에서 풀려나며 가난한 마음으로 돌아가고 그렇게 해서 히브리 신앙이 전하는 천국으로 들어가게 된다는 것이다.[10]

이로써 사람이 일생의 노력과 노동으로 얻은 자만(自滿)과 불만(不滿)을 모두 비우며 가난한 심령, 청결한 마음 ( ) 가운데서 드디어 '시간과 영원'이 화해하는[11] 역사의 진행자 $X$의 길을 따라 합류한다.

---

10) 예수가 전하는 저 새로운 시대의 해답을 다음과 같은 역사적 맥락으로 더 풀이할 수 있다.

"'심령이 가난한 자는 복이 있나니 천국이 그들의 것임이요'(「마태복음」 5:3) 이 첫 마디 메시지에서 설교자 코헬렛이 품고 있던 두 가지의 큰 의문 또는 과제가 풀린다. 그 하나는 이제는 모든 사람이 제각기 그의 내면에 밀실처럼 간직한 자아의식을 가지고 있어서 그들이 도달하려는 천국이 그들이 제각기 간직하고 있는 깊은 내면 의식 곧 그의 '가난한 마음' 가운데로 임한다는 것이다. 이렇게 개개인 각각에 내면 의식이 자리 잡는 데는 헬레니즘이라는 당대 사조에서 영향 받은 바가 큰 것으로 이해할 수 있다.

다른 하나는 이 땅에서 하늘에 이르기까지 만큼 멀기만 했던 천국을 바로 여기 땅 위에서 맞이한다는 것이다. 그래서 현재와 영원, 이 땅과 저 하늘이 '합류 소통하는 역사'가 가능하게 된다. 이 땅의 역사 가운데로 임재하는 영원의 천국은 헬레니즘 사조에서가 아닌 히브리 전통의 구약시대에서 전해져 오는 것이다." 위의 Σ I.의 iii. "「마태복음」에서"의 마디글 5.에서 따옴.

11) 땅 위에서 한 개체 존재의 일생이 그가 통과해 가는 우주적 시간과 만날 때 충돌과 단절의 관계를 이룬다고 「전도서」의 한 예리한 연구자 메테 분바드가 다음과 같이 풀이하고 있다.

"[「전도서」의 설교자가 보기에] 우주를 관통하는 실재의 시간과 그 시간을 겪

그러나 예수는 땅 위의 세상에 다가올 모든 일의 '때'에 대한 섣부른 억측을 경계해야 함을 말한다. 그렇게 시간과 영원 사이의 마지막 관계 곧 그 '때'에 대한 해답을 얻는다.

> "예수께서 감람산 위에 앉으셨을 때 제자들이 조용히 와서 이르되 우리에게 이르소서 어느 때에 이런 일이 있겠사오며 또 주의 임하심과 세상 끝에는 무슨 징조가 있사오리이까 예수께서 대답하여 이르시되 너희가 사람의 미혹을 받지 않도록 주의하라 많은 사람이 내 이름으로 와서 이르되 나는 그리스도라 하여 많은 사람을 미혹하리라"(「마태복음」 24:3-5)

---

는 인간의 체험 사이에는 어떤 호응[화해] 관계도 없다 …."(p. 187) "인간 개인이 경험하는 삶과 우주적 시간의 실재는 긴장 관계에 있다. 인간이 경험하는 시간에는 연속성이 없다. 개인 존재의 유한성은 우주적 시간대에 참여하는 것이 아니라 충돌하는 [또는 단절되는] 관계를 이룬다."(pp. 292-293) Mette Bundvad, ***Time in the Book of Qohelet***. Ph. D. thesis. Submitted to the Faculty of Theology, University of Oxford. 2012.

그럼에도 시간과 영원은 다만 그렇게 충돌과 단절의 관계로 만나는 것은 아니다. 거기에는 하나의 타협과 화해의 관계가 가능한 희망의 여지가 있다. 그리고 그런 유의 가능한 관계에 대한 희망을 「전도서」의 설교자가 이미 품고 있다.

"현상계에 몸을 드러낸 한 개체 존재 *x*가 달려가는 곳을 가상으로 추적해 따라가면, 그 길은 모든 것이 결국에 알 수 없는 어떤 영역 ( ) 안으로 소멸해 들어간다. 그리고 그 알 수 없는 어떤 영역으로 인도하는 진행자 *X* 그가 누구인지도 알 수 없다. 그런데 모든 것이 영원의 진행자 *X*에 의해 격파당해 소멸해 들어가는 사태 곧 $X(x \& \neg x)$는 미래에 일어나는 일이 아니고 현재의 매 순간에 일어나고 있는 일이다."(214쪽) "삶 자체가 매 순간 '소멸함으로써 초월당하는' 체험이다."(215쪽) 『야생의 진리』 고양, 경기: 사월의책, 2021.

“그러나 그날과 그때는 아무도 모르나니 하늘의 천사들도, 아들도 모르고 오직 아버지만 아시느니라”(「마태복음」 24:36)

(220329)

5.

태초의 말씀과 사람의 말씀은 어떻게 다른가? 사람의 말씀은 사람에게서 나오는 체계이며 질서이다. 그것은 사람이 하는 분석과 창작의 대상일 수 있다. 그러나 태초의 말씀은 사람이 하는 분석과 창작의 대상일 수 없다. 태초의 말씀은 땅 위에 주어진 모든 것을 만들고 없애는 데 관여하는 절대적 역사 행위 그 자체이다.

물론 사람의 말씀도, 절대적 역사 행위에 의해 일단 주어진 것을 바탕으로 해서 만들고 없애는 일을 할 수 있다. 그러나 그가 만들고 없앨 수 있는 행위의 바탕과 그 뿌리는 사람이나 어떤 뛰어난 과학자도 전혀 건드릴 수가 없다. 공룡이 출현하고 멸종하는 온 과정, 호모에렉투스가 나타났다가 사라져가는 온 과정, 대륙의 지층이 쌓였다가 무너져가는 수십억 년의 과정 안에서 움직이는 법칙과 그 뿌리는 사람의 어떤 재주와 능력으로도 어찌할 수 있는 대상이 아니다. 여기서 ‘사람이 말할 수 있는 필연의 순서란 없다’라고[12] 시인해야 한다. 사람이 할 수 있는 일은 언제나 땅 위의 시간/시간대에 잠시 소속할 때 주어지는 순서 또는 질서를 따라 일하다가 (　) 안으로 취소되어 들

12) 앞의 **길잡이 2.**의 **iii.** “사람이 말할 수 있는 필연의 순서란 없다” 참고.

어가는 것이다.

사람이 하는 모든 노력과 노동의 결과는 어김없이 한 짧은 시간/시간대에 소속했다가 그 본디의 바탕과 뿌리로 돌아간다. 그래서 사람은 그 자신이 소속한 시간/시간대 너머로 취소되어 들어가는 그곳을 향해 쉼 없이 묻는다. 그가 소속하는 시간대 너머로 사라져가는 이른바 소멸과 초월의 길을 가상으로 따라가며 물으며 찾는 것이다. 여기서 그는 그가 간직한 영원의 기억 *x*를 되살리며 태초의 말씀 *X*를 떠올린다. 태초의 말씀은 세상의 토막 난 시간에 소속하는 모든 것의 바탕과 뿌리를 만들고 없애는 절대적 역사 행위 자체이기 때문이다. 그래서 그 절대적 역사 행위의 진행자를 가상으로 따라가며 겪는 소멸과 초월의 과정[13]은 ‘*X*(~~*x*&═┐*x*~~)’ 곧 ‘*X*(　)’로써 밖에는 대표할 방법이 없다. 영원한 절대적 역사 행위의 진행자 *X*에 의해 (　) 안에 들어간 모든 시간의 노력과 노동이 소멸과 초월의 길을 거쳐 가는 것이다. (220325)

---

13) “실로 현상계에서 발생하는 모든 사건 사물들의 출현과 소멸, 시작과 종결이 궁극에 가서 닿는 ‘형태 부재화’한 뿌리는, 어떤 명석 판명한 관찰에 이르기까지 분석 추적해서 도달할 수 있는 것이 아니다. 그렇게 추적 불가능한 궁극의 가상(假想) 근거 또는 뿌리는 오직 *x*로서밖에는 가리킬 방법이 없다. 출현과 소멸, 시작과 종결을 거듭하는 모든 것들이 뿌리를 내리는 거기에 *x*가 있다. 그리고 현상계의 모든 ‘형태 발생’ 과정 일체를 취소해 버리는 ‘형태 부재화’를 일으키는 절대의 힘으로서 *X*라는 긴 시간대의 진행자가 있다.”(214쪽) 『야생의 진리』 고양, 경기: 사월의책, 2021.

ΣIII.

# ‘내 나라’의 혁명가로서 떠오르는 예수

# 1.

『구약』 전통의 하느님 야훼(YHWH)가 다스리는 땅 위의 세상은 이스라엘이라는 특정 민족에 대한 약속과 보상 그리고 대적하는 자들에 대한 무자비한 징벌과 살육 같은 운명의 사건들이 교차하는 역사(役事)의 시간으로 펼쳐진다. 그렇게 펼쳐지는 역사의 시간은 모세의 출애굽 사건에서 그 절정을 이룬다. 이스라엘 민족 전체가 이동하는 출애굽 행렬은 이렇게 묘사된다.

> "야훼께서는 그들이 주야로 행군할 수 있도록 낮에는 구름 기둥으로 앞서 가시며 길을 인도하시고 밤에는 불기둥으로 앞길을 비추어 주셨다." (「출애굽기」 13:21)

그렇게 야훼는 그의 명령을 받아 지휘하는 모세를 통해 그들 이스라엘 민족에게 편들어 힘을 실어주는 다음과 같은 아주 사사롭고 끔찍한 약속을 건넨다.

> "너희 하느님 야훼께서 이제 너희가 들어가 차지하려는 땅에 너희를 이끌어 들이시고 인구가 많은 민족들을 너희 앞에서 모조리 쫓아내실 것이다. 그들은 너희보다 인구가 많고 강대한 헷족, 기르가스족, 아모리족, 가나안족, 브리즈족, 히위족, 여부스족, 이렇게 일곱 민족이다. 너희 하느님 야훼께서는 그들을 너희 손에 붙여 꺾으실 것이다. 그때 너희는 그들을 전멸시켜야 한다. 그들과 계약을 맺지 말고 불쌍히 여기지도 말라."(「신명기」 7:1-2)

그러다가 때로는 그렇게 이스라엘의 하느님 야훼의 약속과 심판이 분명하게 실행되던 이른바 '신정체제'(神政體制)가 희미해져서 그런 심판과 통치의 능력을 행사하는 존재가 실재하는지 의심하게 하는 무질서와 부조리가 판치는 혼돈의 시대로 빠져들기도 한다. 땅 위의 역사에서 야훼라는 약속과 보상, 적대와 응징의 심판자가 그렇게 떠남으로써 땅과 하늘이 분리 단절되어 버리는 시대의 흐트러진 상황을 「전도서」의 설교자 코헬렛이 경험하며 관찰한다.

> "내 허무한 날을 사는 동안 내가 그 모든 일을 살펴 보았더니 자기의 의로움에도 불구하고 멸망하는 의인이 있고 자기의 악행에도 불구하고 장수하는 악인이 있으니 지나치게 의인이 되지도 말며 지나치게 지혜자도 되지 말라 어찌하여 스스로 패망하게 하겠느냐"(「전도서」 7:15-16)

> "의인들이나 지혜자들이나 그들의 행위나 모두 다 하나님[엘로힘; Elohim]의 손안에 있으니 사랑을 받을는지 미움을 받을는지 사람이 알지 못하는 것은 모두 그들의 미래의 일들임이니라 … 의인과 악인, 선한 자와 깨끗한 자와 깨끗하지 아니한 자, 제사를 드리는 자와 제사를 드리지 아니하는 자에게 일어나는 일들이 모두 일반이니 … 모든 사람의 결국은 일반이라 이것은 해 아래에서 행해지는 모든 일 중의 악한 것이니"(「전도서」 9:1-3)

「전도서」는 그러므로 『구약』 전통의 신앙을 이어가는 편에 서는 것이 아니다. 시대가 변화 이동하는 데에 따라 지난 전통의 신앙을 '업데이트'해야 하는 필요에 호응해서 그를 위한 변론을 하는 것이기도 하다. 이에 대해 20세기를 대표하는 한 「전도서」의 연구가 로저 와이브레이

(1923-1998)는 다음과 같이 정리한다.

> "[코헬렛이 말하고 있는 사례들을 보면] 그는 유대인들의 신앙을 그의 시대에 비추어 다시 해석함으로써 그것을 그가 겪고 있는 세계의 실상에 대응하도록 조정해 놓으려는 목표를 가진 한 사상가라고 이해할 수 있다."(p. 61) "그의 사상에 접근하는 하나의 방법은 그를 한 신학자로 보거나 아마도 그가 물려받은 유대 신앙을 '당시'에 급변하고 있는 세계에 타협시키는 길을 찾으려고 했던 한 변호인으로까지 이해하는 것이다. … 그렇게 코헬렛은 [업데이트해야 한다고 생각한 수준까지] 전통적 교리를 과격하게 심문했던 것이다."(p. 82)[1]

말하자면 설교자 코헬렛은 『구약』 전통의 연속성이 아니라 사사롭고 우호적인 신 '야훼'가 무사무정(無私無情)한 신 '엘로힘'으로 대체되는 불연속성을 그 시대의 과제로 새겨주는 대변자의 역할을 하고 있다. 「전도서」의 설교자는 그렇게 『구약』의 시대가 저물어가는 B.C.E. 3세기에서 2세기 즈음에 다가오는 새 시대를 예비하는 이른바 '중간시대'에 놓인 자의 사명을 수행하고 있다. (220116)

---

**풀이말**

1) R. N. Whybray, ***Ecclesiastes***, Sheffield, England: Sheffield Academic Press, 1989, 1997.

## 2.

이 새로운 시대로의 변화 이동에 호응하며 응답하는 메시지는 어떤 모양으로 주어지는가? 「전도서」의 설교자가 전하는 저 '중간시대'의 의문과 과제에 대응하는 새로운 메시아 예수가 등장하며 그의 산상설교에서 다음과 같은 뜻밖의 메시지를 선포한다.

> "심령이 가난한 자는 복이 있나니 천국이 그들의 것임이요 애통하는 자는 복이 있나니 그들이 위로를 받을 것임이요 온유한 자는 복이 있나니 그들이 땅을 기업으로 받을 것임이요"(「마태복음」 5:3-5)

> "마음이 청결한 자는 복이 있나니 그들이 하나님을 볼 것임이요 화평하게 하는 자는 복이 있나니 그들이 하나님의 아들이라 일컬음을 받을 것임이요 의를 위하여 박해를 받은 자는 복이 있나니 천국이 그들의 것임이라 나로 말미암아 너희를 욕하고 박해하고 거짓으로 너희를 거슬러 모든 악한 말을 할 때에는 너희에게 복이 있나니 기뻐하고 즐거워하라 하늘에서 너희의 상이 큼이라 너희 전에 있던 선지자들도 이같이 박해하였느니라"(「마태복음」 5:8-12)

보상하고 징벌하는 야훼의 신정체제가 희미해진 구약 시대 말기에 「전도서」의 설교자 코헬렛이 의문과 항의를 토로한 다음 한 200년이 지나 이렇게 예수의 새로운 아니 혁명의 메시지가 전해진 것이다. '심령이 가난한 자' '애통하는 자' '마음이 청결한 자' '화평케 하는 자' '의를 위하여 박해를 받는 자'에게 닥친 이 땅의 고난과 불의를 응징하고 보상하는 대신 이미 천국이 그들에게 임해 있다고 설득한다.

따라서 예수 그는 '내가 전하는 새로운 왕국' 곧 '내 나라'는 이 세상에 속한 것이 아니라고 선언한다. 그는 동족인 유대인들에 의해 빌라도 앞으로 잡혀갔을 때 이렇게 말한다.

> "내 나라는 이 세상에 속한 것이 아니오. 나의 나라가 세상에 속한 것이라면, 나의 부하들이 싸워서, 나를 유대 사람들의 손에 넘어가지 않게 하였을 것이오. 그러나 사실로 내 나라는 이 세상에 속한 것이 아니오." (새번역 「요한복음」 18:36)

「마태복음」의 산상설교에서 예수가 전하는 천국의 메시지는 이 땅 위의 덧없는 시간의 일들에 매여 있는 집착을 벗어나야 이를 수 있는 새로운 경계로 안내하고 있다. 구약의 시대에 이 세상 현실 가운데서 역사(役事)하던 야훼의 신정체제를 복원하려는 뜻이 전혀 없다.

그렇다고 예수가 이 세상을 포기한 것은 아니다. 다만 이 세상을 향해 접근하는 전혀 다른 길을 택하고 있다.[2] 그래서 야훼가 다스리던 신정체제가 마감하는 가운데 모든 인생이 잡혀있던 덧없는 세상의 일들에 관련한 불만(不滿)이든 자만(自滿)이든 깨끗이 비울 때 바로 이 땅 위에서 천국을 맞이하게 되는 길을 안내하고 있다. 그렇게 세상의 일들에 관련해서 마음이 가난하고 청결한 자에게 천국이 임할 수 있게 된 것이

2) "[심령이 가난한 자, 마음이 청결한 자를 향한 예수의 메시지는 헬레니즘 시대에 일깨워진] 개개인의 자아를 향해 전해지는 메시지이다. … [그리고] 물론 저 메시지로 비롯하여 결국에는 모든 이웃, 모든 버려진 사람들, 나아가 어떤 원수에게도 같은 메시지가 파급되기를 기대하는 것이다." 위의 ΣII.의 i.에서 마디글 2. 참고.

다. 이것이 예수가 전하는 이 세상 혁명의 접근 방식이다. (211229)

이 천국의 메시지에서 설교자 코헬렛이 품고 있던 두 가지의 큰 의문 또는 과제가 풀린다. 그 하나는 이제는 모든 사람이 제각기 그의 내면에 밀실처럼 간직한 자아의식을 가지고 있어서 그들이 도달하려는 천국이 그들이 제각기 간직하고 있는 깊은 내면 의식 곧 그의 '가난하고 청결한 마음' 가운데로 임한다는 것이다. 이렇게 개개인 각각에 자아의식이 마련되는 데는 그때 헬레니즘이라는 시대사조에서 영향받은 바가 큰 것으로 이해할 수 있다.

다른 하나는 이 땅에서 하늘에 이르기까지 만큼 멀기만 했던 천국을 바로 여기 땅 위에서 맞이한다는 것이다. 그래서 현재와 영원, 이 땅과 저 하늘이 '화해 합류하는 역사'가 가능하게 된다. 이 땅의 역사 가운데로 임하는 영원의 천국은 헬레니즘 사조에서가 아닌 히브리 전통의 구약 시대에서 전해져 오는 것이다.

이는 전도서의 설교자 코헬렛이 혼돈에 빠진 당대의 세상 현실을 향해 품었던 의문과 항의에 대해 예수가 던지는 혁명의 메시지다. 이 메시지는 구약 시대의 야훼가 이 지상에서 보상과 징벌에 의해 통치하던 신정체제(神政體制)를 마감하는 데 따르는 새로운 구원의 길을 예고하는 것이다. 이는 예수가 수천 년을 전해오는 구약의 전통을 뒤로하며 새로운 시대를 향해 던지는 혁명의 메시지에 해당하는 것이다.

그러므로 그의 혁명이 뜻하는 바는 이스라엘 민족을 넘어 모든 사람의 마음을 향해 천국의 메시지가 전해지는 데 있다. 말하자면 '가난하고 청결한 마음에 천국이 임하는' 저 두 갈래의 흐름이 합류하는 곧 현재(땅 위의 가난하고 청결한 마음)와 영원(천국)이 화해 합류하는 데서 예수가 뜻하는 '내 나라'의 혁명이 이루어지고 있다. (220422)

3.

가난하고 청결한 마음에 전해진 천국의 메시지를 예수가 일으킨 '내 나라'의 혁명으로 부르는 이유는, 그것이 헬레니즘 시대를 통과하며 열린 모든 개개인의 깊은 내면 의식을 향하고 있기 때문이다. 이는 예수의 메시지가 유대 민족의 범위를 넘어 모든 개개인의 마음을 향해 열려 있음이다. 그리고 이 새로운 메시지가 유대 나라의 좁은 영토를 넘어갈 수밖에 없는 헬레니즘 시대의 흐름을 이미 200여 년 전에 「전도서」의 설교자 코헬렛이 예고하고 있었다.

따라서 그리스도교 발전사 가운데서 예수가 전하는 메시지를 바울의 선교 활동에 비교해 다음과 같이 평가한 한 시대 분석가의 결론은 전혀 미달하는 부분이 있는 것이다.

> "어째서 그리스도교는 유대 전통을 새롭게 하는 데 실패했는가? 여기서 우리는 예수 운동이 팔레스타인에서 실패했던 반면에 초기 그리스도교가 팔레스타인 밖에서 성공했는가에 대한 답을 얻는다. … 그리스도교는 유대교 영토를 넘어갔고 거기서 할례받지 않은 이방인들까지도 받아들였으나 유대 전통을 새롭게 하는 기회는 놓쳤다."(p. 113)

"공관복음의 극단적 윤리는 다만 부분적으로 전해질 수 있었다. 바울은 예수의 교훈을 거의 끌어들이지 않았다. 예수가 이끄는 변방 사람들의 공동체에서만 지킬 수 있는 엄격한 규칙 이를테면 가족, 고향, 소유 같은 것을 모두 포기하는 것은, 바울이 개척하는 공동체에서는 자리 잡을 수 없는 것이다. 그들의 비교적 온건한 공동체는 가장(家長) 또는 원로가 중심이 되는 주인과 노예, 남성과 여성, 부모와 자녀의 사회적 연대 관계로 이루어지기 때문이다."(p. 115)[3)]

그러나 이는 예수의 메시지가, 이미 300여 년 동안 펼쳐져 온 헬레니즘 시대를 배경으로 해서 유대 민족의 좁은 범위를 넘어 이방인을 포함하는 모든 사람 곧 그 내면의 자아의식 특히 그의 가난하고 청결한 마음을 깨우친 모든 사람에게 전해지고 있음을 전적으로 간과하고 있는 한 사회이론가의 피상적 관찰일 뿐이다. (220630)

예수는 B.C.E. 3세기 이후 동서의 문명이 충돌하는 가운데 펼쳐진 헬레니즘의 흐름을 타고 유대 민족의 지역 전통을 뛰어넘는 세계화를 그의 메시지 가운데서 추진하고 있다. 그리고 이 같은 세계화의 사례는 많은 전문이론가가 주장하는 것처럼 최근세 아니면 20세기에 들어서 처음 일어난 사태는 아니다.

---

3) Gerd Theissen, ***Sociology of Early Palestinian Christianity***, trans. Philadelphia: Fortress Press, 1978. Published under the title, ***The First Followers of Jesus***, by SCM Press, London, 1978.

더 나아가 예수의 메시지는 유대 전통을 뛰어넘는 세계화에서 동시에 당대의 개개인에게 싹트고 있는 내면 의식 가운데 유독 가난하고 청결한 마음을 파고드는 특화 곧 각각의 고유한 개별화를 시행하고 있다.[4] '가난하고 청결한 마음에 임하는 천국'의 메시지 가운데서 예수가 당대에 실현하고 있는 세계화와 지역화가 동시에 이루어지고 있다. 그러므로 실은 '유대 전통의 야훼 신앙'도 '헬레니즘 시대의 자아의식'도 각각 동시에 세계화와 지역화의 역사를 거쳐 가고 있다고 보는 것이다.

그렇게 예수가 이루려는 '내 나라'의 혁명은 세 단계를 거쳐 간다. 처음에는 야훼의 신정체제가 희미해져 가며, 다음에 헬레니즘 시대를 맞이해서 신정체제가 해체되어 개개인에게 자아의식이 떠오르고, 다음에 개개인의 자아의식에 각각의 고유한 특성으로서 깨우치는 '가난하고 청결한 마음' 가운데에 천국의 메시지가 전달됨으로써 예수의 '내 나라' 혁명이 마무리되고 있다. (220711)

4.

그런데 현대의 한 이름난 성서 연구가 존 도미닉 크로산은, 혁명가로서 예수가 시도한 일에 대해 또 하나의 풀이를 내놓는다. 예수는 당시의

---

4) "그러므로 세계화의 거센 바람은 동시에 모든 당사자로 하여금 각기의 고유한 출구 해법을 찾아 다시금 '재적응'으로서의 지역화를 모색하도록 밀고 간다. 말하자면 '세계화'와 '지역화'는 하나의 동반 현상이다." 위의 **길잡이 2.**의 i. "'인류세'라는 한 시대 마감의 예고" 참고.

지배 계층 사회에서 밀려나 업신여김받고 가난한 누구든지 평등하게 대우하고 치료해 주고 같이 식사하며 그들에게 천국 메시지를 전하는 데 힘썼다는 것이다. 예수가 시도한 일은, 당대의 가진 자와 지배하는 자가 가난하고 눌린 자를 향해 행사하고 있는 차별과 위계를 폐기해서 절대 평등한 세상을 이루는 데 있었다고 다음과 같이 요약하고 있다.

> "[그는 이렇게 가르쳤다] 내가 옷을 입는 것처럼, 거지처럼 입어라. 그러나 구걸하지는 말아라. … 그의 환상적인 비전과 사회적 프로그램은 사회를 그 뿌리[가난하고 눌려있는 자]로부터 다시 일으켜 세우려는 것이었다. … [이는] 유대교의 엄격하기 짝이 없는 정결 규칙이나 지중해 지역의 가부장적인 명예와 수치(羞恥) 관념에 대한 도전일 뿐만 아니라 가장 근원적인 차원에서 문명의 영원한 추세, 곧 선을 긋고 경계를 세우며 위계질서를 구축하고 차별을 지속시키고자 하는 문명의 영원한 추세에 대해서 도전하는 것이다. 이것은 하나의 정치적 혁명이 아닌 하나의 사회적 혁명을 도발하는 것이다."(pp. 219-220)[5]

---

5) John Dominic Crossan, ***Jesus: A revolutionary biography***. New York: HarperCollins, 1995, 2009. 아래의 한국말 번역판 참고. 존 도미닉 크로산, 『예수: 사회적 혁명가의 전기』 한국기독교연구소, 2007.

도미닉 크로산에 따르면 예수는 사회적으로 업신여김받고 가난한 자를 토대로 하는 절대 평등을 곧 경제적인 현실 개혁을 강조하고 있다고 다음과 같은 맥락에서 주장하고 있다.

"아무에게나 열려있는 [예수의] 공동식사는 철저한 평등주의, 곧 구성원들 사이의 어떠한 차별도 용인하지 않으며 그들 중에는 어떤 계급 조직도 필요 없다고 보는 절대적인 평등사상의 구현이며 상징이다."(번역판 126쪽)

위와 같은 추론에 따라서 도미닉 크로산은 마태복음의 산상설교에 나오는 '심

그러나 예수가 다가가고 있는 높은 지향점은 다만 가난한 자와 가진 자, 눌린 자와 지배하는 자의 위계(位階)를 철폐하고 절대 평등한 세상을 펼치려는 한 가지 사회 개혁으로써 그치는 것은 아니다. 예수 그는, 문명 세계의 시초부터 등장해 활동해온 철학자들과 그들을 따르는 사회 개혁가들이 아직 다가갈 수 없었던 진리의 마지막 관문 곧 인간적 한계 '너머'를 향해 해답의 뿌리를 심어가고 있다. 철학자들 그리고 도미닉 크로산 같은 개혁가들이 추구하는 진리는 세상 현실을 지배하는 상식과 범주 체계를 벗어날 수 없었는데, 본디의 깊은 뜻을 파고드는 예수가 설파하는 진리는 세상의 상식과 인간적 범주 체계를 뛰어넘는 '한계 격파' 곧 '*X*(~~*x*&¬*x*~~)'에 다름 아닌 '*X*(   )'의 경계를 향하고 있다.

이렇게 일상의 현실 체제를 뛰어넘는 한계 격파 곧 '*X*(   )'의 경계는, 20세기의 신학자 카를 바르트에게서 비롯하는 유의 '십자가 신학'(Theologica Crucis), 곧 '기지의 수평 세계를 향해 미지의 존재가 수직으로 내려치는' 한 역사적 사건을 상징하는 †에서 가장 대표적인 사례를 발견한다.

> "예수 그리스도. 이 이름 안에서 두 세계가 만났다가 헤어지는데, 이는 기지의 것[시간]과 미지의 것[영원] 두 개의 차원이 교차하는 사건이다. … … 기지의 수평 세계를 향해 미지의 존재가 위로부터 수직으로 가로질러 내려오는 것이다."(pp. 29-30)[6)]

---

령이 가난한 자'라는 표현의 실상이 과연 경제적 측면을 외면하고 종교적 측면을 강조하며 추구하려는 예수 자신의 어떤 다른 의도가 있을 수 있는지에 대한 의구심을 드러내고 있다.(번역판 112쪽 이후 참고)

그러므로 이 역사적 사건 곧 ✝는 다시 다음과 같이 일상의 현실 체제를 뛰어넘는 한계 격파를 거치며 초월의 경계로 나아가는 운명의 일반 과정으로 확장해서 이해한다.

> "각자의 일생은 영원에 소속하는 한 조각의 몸으로서 … 이제는 일일이 기억할 수 없는 과거로부터 격파의 수많은 단계를 거쳐왔고 다시 격파의 한 단계를 향해간다. 이 향해가는 격파의 한 단계를 사람들은 죽음이라고 이해하는데, 이는 그가 소속한 발생계통의 조상들이 이미 무수히 반복 경험해온 선례(先例)를 따르는 것이다. 이렇게 반복 경험해온 죽음을 포함하는 수많은 종류의 격파들 곧 그렇게 피할 수 없는 자기 초월을 '$\mathcal{X}$( )'로써 대표한다."(50쪽)[7]

모든 것이 격파당해 비워진 영역 ( ) 가운데로 들어가는 자기 초월의 관문 곧 '$\mathcal{X}$( )'로 소멸 합류하는 자연 또는 우주의 장구한 과정의 순간순간을 다시 다음과 같이 풀이할 수 있다.

> "현상계에 몸을 드러낸 한 개체 존재 $x$가 달려가는 곳을 가상으로 추적해 따라가면, 그 길은 모든 것을 비움( )으로써 부재화(不在化)하는 영원의 진행자 $\mathcal{X}$의 경계로 빠져들어 간다. 그리고 이 $\mathcal{X}$라는 영원의 심판자가 진행하는 '부재화'는, 미래에 일어나는 일이 아니고 현재의 매

---

6) Karl Barth, ***The epistle to the Romans***, trans. E. C. Hoskyns, Oxford: Oxford University Press, 1933, 1968.

7) 『진리의 패권은 사람에게 있는 것이 아니다』 고양, 경기: 사월의책, 2019.

순간순간에 일어나서 모두가 피할 수 없는 자기 초월의 관문 곧 '$X$( )'의 경계로 들어가는 과정이다."(274쪽)[8]

세상에 몸을 드러낸 한 개체 존재는 피할 수 없이 자신을 부재화하며 동시에 초월하는 자기 한계 격파의 운명을 겪는다. 한 사람은 이렇게 세상에서 의지하던 일상의 현실 체제를 뛰어넘어 모든 것을 비워버린 영역 ( ) 가운데로 부재화 그리고 초월함으로써 자아 격파의 관문 곧 '$X$( )'로 들어가며 결국에 다음과 같이 시인할 수밖에 없다.

'진리의 패권은 사람에게 있는 것이 아니다.'[9]

이는 구약 시대에 유효하던 모든 일상의 규범과 체제가 무너져버린 마당에서 당대의 한 설교자 코헬렛이 품었던 의문과 항의에서 드러난 인간 자아의 한계 상황을 시인 선언하는 것이다. 예수는 이러한 인간 자아의 한계 해법으로서 땅 위의 모든 시간의 것들과 그것들을 심판하는 초월의 존재가 화해하는 곧 시간과 영원이 화해 합류하는 '내 나라의

8) 『야생의 진리』 고양, 경기: 사월의책, 2021.

9) "우주 안에 몸을 드러낸 모든 것 $x$가 마지막에는 가장 큰 소멸 곧 빅 크런치 '$X$( )'를 만난다. 그렇다면 이것이 우주의 종말인가? 이 종말의 사건 '$X$( )'는 다시금 '$X$( ) ⇨' 곧 빅뱅을 일으켜서 또 하나의 새로운 시간대를 만들 수 있다고 우주 물리학자들이 추론한다. 이는 그것을 말하고 추론하는 그들조차 가본 적도 없고 관찰한 적도 없는 가상의 사태에 관한 순수 이론적 상상이다. 시작에서 종말로 다시 종말에서 시작으로 관통하는 가상의 우주적 여정을 $x$의 존재론에서 이렇게 대표한다. '$X$( ) ⇨ $x$ ⇨ $\neg x$ ⇨ $X$( )'"(314쪽) 『야생의 진리』 고양, 경기: 사월의책, 2021.

혁명'을 선포하고 있다.

"내 나라는 이 세상에 속한 것이 아니오."(「요한복음」 18:36)

"심령이 가난한 자는 복이 있나니 천국이 그들의 것임이요 … 마음이 청결한 자는 복이 있나니 그들이 하나님을 볼 것임이요 … 의를 위하여 박해를 받은 자는 복이 있나니 천국이 그들의 것임이라"(「마태복음」 5:3-10)

(220505)

5.

20세기 초에 논리적 원자론을 제안한 버트런드 러셀과 영원회귀를 말한 프리드리히 니체 그리고 2천 수백 년 전에 '자아가 아님'(not-self; 이는 세상에서 말하는 '無我' 곧 no-self)을 설파한 붓다는 무엇을 공유하고 있는가? 그들은 인도유럽어 계통의 문법을 공유하면서 동시에 그에 따르는 자아관 또는 형이상학을 비판 반성하고 있다. 그들은 한 판단에서 주어 자리에 있다고 상정하며 전제하는 그 존재의 실체 또는 정체성에 대하여 의문을 제기하는 데서 일치한다.

그렇게 그들은 자기들 이전으로부터 내려오는 전통의 형이상학에서 말하는 현상 배후의 실재, 그리고 더 나아가 제각각 지닌 자아의 실체성을 모두 거부하고 있다.[10] 이에 대해 니체는 다음과 같이 설명한다.

"실체 개념은 주어 개념에서 추론한 결과이지, 주어 개념이 실체 개념에서 나온 것은 아니다! 우리들이 영혼이라는 실체를 폐기한다면, '주어'라는 '실체'의 전제조건은 사라지고 말 것이다."(§ 485)[11] "인도와 그리스와 독일의 철학적 사유들 사이에 단일한 가족적 유사성이 발견되는 이유는 쉽게 설명할 수 있다."(§ 20)[12]

붓다 역시 자아의 실재 여부에 관해 확인하기를 거부했었는데 이는 그 실재 자체에 대한 관념이 '자아' 또는 '나'라는 언어적 허구(fiction)에서 비롯했기 때문이었다는 분석을 내놓은 현대 신경심리학자가 있다. '자아' 또는 '나'라는 언어적 허구를 좌뇌(the left brain)의 생리로 환원 설명하는 그의 저서 『자아가 없으면 문제도 없다』에는 다음과 같은 요점 정리가 있다.

"자아가 하나의 허구라는 것은 새로운 아이디어가 아니다. 2,500년 이전에 이미 붓다가 그렇게 깨달았다."(p. 1) "'나'라는 것은 하나의 유용한 범주로서 언어적 허구이다. … 그리고 그것은 범주들(categories)에 집착하는 우리의 좌뇌(the left brain)에서 비롯하는 것이다."(p. 29)[13]

---

10) 이 한 마디 요약은 위의 **길잡이 2.**의 iii. '사람이 말할 수 있는 필연의 순서란 없다'에서 따옴.

11) Friedrich Nietzsche, ***The will to power***, trans. W. Kaufmann & R. J. Hollingdale, New York: Vintage Books, 1968.

12) Friedrich Nietzsche, ***Beyond good and evil***, trans. R. J. Hollingdale, Penguin Books, 1973.

그러므로 불교의 고대 경전에 정통한 한 연구가 알렉산더 윈은, '무아'(無我 no-self)라는 관념은 붓다 본래의 생각으로 돌릴 수 없다고 말한다. 붓다 그는 현상계의 경험에서 주관에 주어지는 대로 명멸(明滅)하는 연기(緣起) 현상 가운데에 딱히 '자아'라고 할 만한 실재는 없다는 것이다. 그는 주어질 수 있는 현상계의 어떤 것도 '자아가 아님'(not-self)을 말했을 뿐이다. 그는 [18세기의 영국 철학자 데이비드 흄과 같은] 현상계에 철저한 경험주의자였다. 이런 붓다의 생각을 알렉산더 윈은 이렇게 요약한다.

> "[명멸하는] 현상계에서 찾을 수 있는 [우파니샤드 전통의] '자아'(atman)는 없다는 오랜 가르침이, 시간이 지나면서 사람은 '자아'라는 실체를 갖고 있지 않다는 뜻으로 변질됐다. … [따라서] '무아'(無我 no-self)라는 주장은 붓다의 발언으로 돌릴 수 없다."[14)]

그런데 참 '나' 또는 '자아'라고 할 만한 것이 '없음'을 증명하려고 한 이는 뜻밖에도 20세기의 실존주의 철학자 장-폴 사르트르이다. 그에게 자아라는 것은 저기 밖에 놓여있는 한낱 물체와 다름없는 대상일 뿐이며 그런 허구의 대상을 끝없이 부수고 개조하고 만들어 가는 자 그는

---

13) Chris Niebauer, ***No Self, No Problem: How Neuropsychology Is Catching Up to Buddhism***. n.p. Hierophant Publishing, 2019.

14) Alexander Wynne, "Early Evidence for the 'no self' doctrine? A note on the second anātman teaching of the Second Sermon," ***Thai international journal for Buddhist studies***, Vol. I. pp. 59-79.

'자아가 아닌' 의식, 실은 '아무것도 없음' '무'이다.[15]

이렇게 '무아'(no-self)가 아닌 오직 '자아가 아님'(not-self)이라고 할 만큼 도대체 어떤 자아의 접근 가능성에서도 멀리 벗어나려는 것이 붓다의 마음이었다면, 이는 예수의 '이 세상에 속하지 않은' '가난하고 청결한 마음'이 뜻하는 바에 어떻게 관계하는가? 그들은 세상에서 사람들이 말하는 '자아' '나'라는 그것에 맞서지도 잡혀있지도 않으려는 데서 일치한다.

이 세상에서 하는 모든 노력과 노동의 주체, 명멸하는 현상계에서 일어나는 불만이나 자만의 주체가 소속한 고난의 시간을, 이 땅 위의 다른 어떤 시간으로 대체(代替)해도 해결할 수 없음을 예수가 이미 전제하고 있다.

"내 나라는 이 세상에 속한 것이 아니오."(「요한복음」 18:36)

"심령이 가난한 자는 복이 있나니 천국이 그들의 것임이요 … 마음이

---

15) "이렇게 우리의 의식적인 삶을 이루는 순간순간은 '아무것도 없는 데서'(*ex nihilo*) 창조되는 것으로서 우리에게 다가온다. … 이 지칠 줄 모르는 [자아] 존재의 분출은 우리[내]가 창조해내는 것이 아니다."(p. 98) "전차를 타려고 쫓아 달려가고 있을 때, … 거기에 '나'[자아]라는 것은 없다. '따라가 잡고자 하는 전차에 대한'(of the streetcar-having-to-be-overtaken) … 의식이 있다. 사실상 그때 나는 대상들의 세계에 빠져 있다. … [거기서] 나[자아]는 사라져버렸다. 나는 나 자신을 무화(無化)해 버린 것이다."(pp. 48-49) Jean-Paul Sartre, ***The transcendence of the ego***, trans. F. Williams & R. Kirkpatrick. New York:Farrar,The Noonday Press, 1957.

청결한 자는 복이 있나니 그들이 하나님을 볼 것임이요"(「마태복음」 5:3-8)

이렇게 예수의 메시지 가운데서 땅 위의 헛되게 끝나는 일들과 하늘의 천국, 순간순간으로 토막 나는 시간과 시간을 초월하는 영원의 심판자가 화해 합류하는 새로운 시대가 열리고 있다. 그리고 이는 구약의 시대를 마감하며 「전도서」의 설교자 코헬렛이 전하는 온갖 의문과 항의에 대한 예수의 혁명적 해답이다.

세상 사람들이 이 세상에서 잡혀 벗어날 수 없는 '자아' '나'라고 하는 그것은 오늘 21세기에 와서 다시 추적해 보면 결국에 따라가 잡을 수 없는 '한 조각의 $x$' 또는 '영원의 한 조각'이다. 그렇다면 그래도 집요하게 남아있는 지금의 '자아' '나'라고 하는 언어적 허구를 어떻게 처리해야 할까? 이것이 세상에 몸을 드러낸 하나하나의 개체 존재 $x$에게 여전히 순간순간으로 다가오는 영원한 과제이다.

"세상에는 어느 순간에도 모든 존재하는 것들의 부재화가 일어나고 있다. 그렇게 매 순간의 부재화로써 현재를 초월하는 새로운 삶을 산다. 매 순간순간은 영원을 향해 '자신'을 부재화하며 초월하는 삶이다."(218쪽)
"세상에 몸을 드러내 존재하는 것들에게 끊임없이 다가오는 종말 또는 소멸의 신호에 따라, 그들은 각기 자신의 초월을 꿈꾼다."(219쪽)[16)]

(220517)

---

16) Σ5. "매 순간이 초월하는 삶—순간의 논리," 『야생의 진리』 고양, 경기: 사월의 책, 2021.

## 6.

어떻게 '가난하고 청결한 마음'에 '천국'이 임할 수 있는가? 땅 위에서 하나하나의 인생에 지워지는 온갖 노력과 노동, 수많은 가지의 헛된 자만과 불만을 떨쳐 버린다고 해서, 그의 매 순간순간이 헛되게 토막 나는 존재의 허구를 바탕으로 해서 어떻게 천국의 영원한 시간대에 참여할 수 있겠는가?

땅 위에 태어난 한 개체 생명은 아무리 거슬러 올라가도 닿을 수 없는 수십억 년 이전으로부터 전해오는 자신의 태초를, 의식화할 수 없는 깊은 내면에 저장함으로써 그의 개체성을 유지할 수 있는 것이다. 그렇게 세상에 태어난 한 개체 생명은 예외 없이 태초로부터 전해진 한 가닥 영원의 기억 $x$로써 그가 지닌 개체성의 모양과 생태를 재현 또는 실현하고 있다.[17]

---

17) "한 개체 생명에 갖추어져 있는 작동원리 또는 반사 작용은 수백만 년 때로는 수십억 년의 적응과 체험을 저장하고 있는 데서 비롯하는 것이기 때문이다. 그래서 생명은 하나의 기억 장치라고 세포생물학자들은 이해한다. 그렇다면 한 개체 생명은, 그 시작의 뿌리를 결코 완전히 추적할 수 없는 한 영원의 기억체계 $x$라고 대표할 수밖에 없는 것이다." 위의 ΣI.의 iii. "「마태복음」에서"에서 따옴.

"생명으로 존재한다는 것은 기억에 따르고 있다는 것이다. [수십억 년을 거쳐 온] 과거를 현재에 물리적으로 보존 재연하고 있다는 것이다. 생명을 출산함으로써 그 생명의 형태 가운데에 과거를 저장하며 미래를 위한 정보를 남긴다."(p. 66) Lynn Margulis and Dorion Sagan, ***Microcosmos: Four Billion Years of Evolution from Our Microbial Ancestors***. Berkeley, California: University of California Press, 1986, 1997.

그러므로 한 인생은 순간순간으로 토막 나는 헛된 시간의 일들을 ( ) 가운데로 부재화하며, 그의 깊은 내면에 지닌 영원의 기억 $x$를 바탕으로 해서 자신에게 전해진 태초의 기억 곧 천국의 메시지 $X$에 화해 합류하는 길로 들어선다. 「전도서」의 설교자 코헬렛은 '영원의 기억을 간직한 가난하고 청결한 마음'과 '천국의 메시지'가 화해 그리고 합류 가능한 관계를 다음과 같이 예고하고 있다.

> "하나님이 … 또 사람들에게는 영원을 사모하는 마음을 주셨느니라 그러나 하나님[엘로힘; Elohim]이 하시는 일의 시종을 사람으로 측량할 수 없게 하셨도다"(「전도서」 3:11)

(220531)

# 왜 $x$의 신학인가?

## 1.

예수는 그를 심문하는 빌라도 앞에서 이렇게 말했다.

> "내 나라는 이 세상에 속한 것이 아니오. 나의 나라가 이 세상에 속한 것이라면, 나의 부하들이 싸워서, 나를 유대 사람들의 손에 넘어가지 않게 하였을 것이오. 그러나 사실로 내 나라는 이 세상에 속한 것이 아니오."
> (새번역「요한복음」18:36)

이는 '내 나라'의 한계를 분명하게 선언함으로써 로마제국의 통치체제에 대해 도전할 의도가 없음을 실토하는 것이다. 예수는 당시 로마제국의 통치에 저항 투쟁하던 유대의 열성당원(Zealot)과 그 뜻을 함께하지 않은 것이 분명했다. 그렇다면 그는 당대에 펼쳐지는 천하의 현실과 그 역사에 대해서는 그 어떤 문제에도 그리고 어떤 해법에도 관심이 없음을 말하는 것인가?[1)]

그는 천국의 메시지를 전해 받기를 기다리는 가난하고 청결한 마음 밖에서 격렬하게 흔들리고 있는 당대의 현실과 그 역사의 귀추에 대해 무엇을 생각하고 있었는가? 나아가 땅 위에 태어난 생명이라면 소속해 살 수밖에 없는 자연과 우주의 흐름을 진행하는 영원의 심판자에 대해 무엇을 말할 수 있었는가? (220704)

2.

우리는 이 세상의 마지막 때와 그 징조에 대한 예수의 분명한 선언 가운데서 그의 답변을 시사 받을 수밖에 없다.

> "예수께서 감람산 위에 앉으셨을 때에 제자들이 조용히 와서 이르되 우리에게 이르소서 어느 때에 이런 일이 있겠사오며 또 주의 임하심과 세상 끝에는 무슨 징조가 있사오리이까 예수께서 대답하여 이르시되 너희가 사람의 미혹을 받지 않도록 주의하라 많은 사람이 내 이름으로 와서 이르되 나는 그리스도라 하여 많은 사람을 미혹하리라"(「마태복음」 24:3-5)

---

**풀이말**

1) "그렇다고 예수가 이 세상을 포기한 것은 아니다. 다만 이 세상을 향해 접근하는 전혀 다른 길을 택하고 있다. 그래서 야훼가 다스리던 신정체제 아래에서 모든 인생이 잡혀있던 덧없는 세상의 일들에 관련한 불만(不滿)이나 자만(自滿)을 깨끗이 비울 때 바로 이 땅 위에서 천국을 맞이하게 되는 길을 안내하고 있다." ΣⅢ. "'내 나라'의 혁명가로서 떠오르는 예수"의 마디글 2.에서 따옴.

"그러나 그날과 그때는 아무도 모르나니 하늘의 천사들도, 아들도 모르고 오직 아버지만 아시느니라" (「마태복음」 24:36)

이 세상 끝에서 일어날 일의 때와 그 징조는 이 땅 위의 아무도 모른다고 자기도 모른다고 예수는 시인하고 있다.

그리고 이 땅 위에 인류와 문명이 출현해서 그동안 펼쳐온 온갖 철학과 종파의 이름을 걸고 주장했던 것들을 21세기 오늘에 이르기까지 다 듣고 학습했어도 그 결론은 당시 예수가 시인했던 바에서 달라진 것이 없다. 그들의 철학과 종파는 그들이 제각각 소속하는 이 땅 위의 한 짧은 시간대 안에서 이루어지는 한 갈래의 임시 시론(時論)에 지나지 않기 때문이다.

지금도 마지막 그때와 징조에 대해 아무도 확인해 줄 수가 없다. 여기에 어떤 철학과 종파에도 소속하지 않은, 그렇다고 회의주의자도 아닌 자가 *x*의 신학을 변호하는 이유가 있다.

땅 위의 덧없는 시간의 것들이 그들의 시간을 심판하는 영원의 진행자에 대하여 말할 수 있는 무엇이 있는가? '부재화(不在化)와 초월'의 연이은 관계를 따라 땅 위의 덧없는 모든 시간의 것들 *x*가 그 시간의 것들을 쉼 없이 심판하는 영원의 진행자 '*X*의 나라'로 합류해 들어가고 있다는 것이다. (220704)

## 3.

왜 '$\mathcal{X}$의 나라'인가? 이는 그때와 그 징조에 대해서 이 땅 위의 누구도 모른다고 말한 예수의 선언에 어떻게 호응하는 것인가?

모든 것의 '때'를 묘사하는 「전도서」의 다음 문장들에는 주어도 없고 목적어도 없다.

> "날 때가 있으면 죽을 때가 있고, 심을 때가 있으면 뽑을 때가 있다. … … 사랑할 때가 있고 미워할 때가 있으며 전쟁할 때가 있고 평화할 때가 있느니라"(「전도서」 3:2-8)

저 문장들의 말본이 뜻하는 바에 대해 제3세계를 대표하는 한 「전도서」의 해설자 엘사 타메스는 다음과 같이 풀이했다.

> "각 문장은 무인칭(impersonal)으로 되어 있어서 **행위를 집행하는 주체도 없고 그 행위를 받는 객체도** 없다. 전도자 코헬렛은 출생과 죽음 [또는 전쟁과 평화] 같은 극적 시점에서도 아무도 개입할 여지가 없음을 지적하려는 것으로 보인다. … 실로 저 [「전도서」의] 시에서 하느님은 **행위의 숨은 주체로서** 등장한다." (따온글에 굵은 글씨체를 추가함)[2)]

2) Elsa Tamez, "Ecclesiastes: a reading from the periphery," ***Interpretation: A Journal of Bible and Theology***. Vol. 55, no. 3 (2001), 250-259.

그러므로 이렇게 일상언어의 말본 체계 밖에서 움직이는[3] 행위의 숨은 주체는 $X$로서 그리고 행위의 주체성을 양도할 순위의 객체는 $x$로서 대표하는 것이다. 따라서 땅 위의 덧없는 모든 시간의 것들 $x$가 그 시간의 것들을 쉼 없이 심판하는 영원의 진행자 '$X$의 나라'로 합류해 들어가고 있다고 말하는 것이다. (220706)

---

3) "영원의 분신 $x$ 또는 초월하는 심판자 $X$는, 매 순간순간의 현재를 통과하며 다시금 다가오는 미래의 모양을 달리 보여줄 수 있으므로 그 밖의 어떤 이름 또는 특칭 또는 정체성도 거부할 수밖에 없는 것이다." 위의 **길잡이 2.**의 **iii.** "사람이 말할 수 있는 필연의 순서란 없다"에서 따옴.

# 올가 토카르추크의 '다정한 서술자'와의 만남에서

1.

21세기에 들어서 세계문학사에 철학적으로 보기 드문 공헌을 한 폴란드의 작가 올가 토카르추크는 그의 노벨상 수상 연설의 주제로서 "다정한 서술자"를 발표했다.[1] 거기서 그는 어린 시절에 덴마크의 동화 작가 한스 크리스티안 안데르센(1805-1875)의 「찻주전자」 이야기를 들으면서 받은 감동을 술회하고 있다.

안데르센은 「찻주전자」 이야기에서, 그것을 사용하거나 더 이상 소용이 없으면 버리기도 하는 인간의 관점이 아닌 찻주전자 자신이 세상에서 겪는 체험과 그에 따르는 찻주전자 자신의 생각과 감정을 풀어놓고 있다.

---

풀이말

1) 올가 토카르추크, 『다정한 서술자』 최성은 옮김. 서울: 민음사, 2022.

"어느 부잣집에 찻주전자가 있었다. 찻주전자는 도자기인데다가 앞에는 길고 아름다운 입과 뒤에는 멋진 손잡이가 달려있어서 자신을 무척 자랑스럽게 생각했다. … … '설탕통은 귀여운 뚜껑이 있고, 찻잔은 예쁜 손잡이가 있지만, 난 둘 다 있잖아. 거기다가 나는 그들이 한번도 가져보지 못한 길고 아름다운 입도 가지고 있어. 그래서 차 탁자에서 내가 여왕으로 대접을 받는 거야.'"

"그런데 누군가가 다가왔다. … 곱고 우아한 손은 너무 서툴러서 찻주전자를 떨어뜨렸던 것이다. 뚜껑은 말할 것도 없고, 길고 아름다운 입도, 멋진 손잡이도 깨지고 말았다. … … '사람들은 입과 손잡이가 깨진 나를 쓸데없다고 찬장 구석에 처박아 버렸어. 다음날, 그들은 음식을 얻으러 온 거지 아주머니에게 날 줘 버렸지. 난 여왕에서 거지가 되고 만 거야.'"

"'거지 아주머니는 내 몸속에 흙을 집어넣었어. … 찻주전자인 나에게 그건 죽음이라고. 하지만 흙 속에 알뿌리도 넣어 주었어. 알뿌리가 싹이 나와 흙을 뚫고 올라갔지. 그러더니 꽃을 피웠지 뭐야. 나는 내 몸에서 피어난 그 아름다운 꽃에 취해서 나 자신마저 잊어버렸던 거야. 꽃을 보는 사람들은 누구나 감탄했어. 그런데 어느 날, 거지 아주머니를 찾아와 꽃을 본 친구가 말했지. 꽃이 무척 아름다우니까 더 좋은 화분에 옮겨야 한다고 말이야. 그들은 나를 깨고 말았어. 내 몸에 있던 흙과 알뿌리와 꽃은 거지 아주머니 친구가 준 더 좋은 화분에 담겼고, 난 마당에 버려졌어. … 하지만 나에게는 아름다운 추억이 되었지. 그건 그 어느 누구도 나에게서 뺏을 수 없어!'"[2)]

---

2) 한스 크리스티안 안데르센,『안데르센 동화 123가지 - I』 한국어린이문화연구소,

이러한 안데르센의 찻주전자 이야기를 토카르추크는 그가 제안하는 '다정한 서술자'의 관점으로 받아들이며 다음과 같이 설명한다.

> "사물들에도 나름의 고민이 있고, 그들에게도 감정이 있으며, 심지어 인간과 흡사하게 일종의 사회생활을 한다고 굳게 믿고 있었으니까요. 그 시절 찬장 안 접시들은 서로 이야기를 나누었고, 서랍 속 스푼과 나이프, 포크는 한 가족처럼 지냈습니다."(352쪽)[3]

그리고 이렇게 생명체가 아닌 사물들에도 그들 자신의 주관과 생각이 있을 수 있다는 '다정한 서술자'의 관점을, 오직 제3자의 객관적 시선만을 대변하는 행동주의(behaviorism)의 관점에 대비시켜 소개하고 있다.

> "문학은 등장인물의 내적 논리와 동기에 초점을 맞추면서 다른 방식으로는 제3자가 도저히 파악하기 힘든 고유한 경험들을 드러내 보이고, 독자를 자극해 등장인물들의 행동에 대한 심리적 해석을 유도합니다. 오직 문학만이 우리로 하여금 다른 존재의 삶 속으로 깊숙이 파고 들어가서 그들의 당위성을 이해하고, 그들의 감정을 공유하고, 그들의 운명을 체감하게 만들 수 있습니다."(351쪽)[4]

'다정한 서술자' 그에게 세상에 존재하는 모든 것은 제각기 불가침의

---

2006, 2012.

3) 올가 토카르추크, 『다정한 서술자』 최성은 옮김. 서울: 민음사, 2022.

4) 올가 토카르추크, 『다정한 서술자』 최성은 옮김. 서울: 민음사, 2022.

주체이다. 세상에 존재하는 모든 것, 그것이 손잡이가 부서져서 쓰레기로 버려진 하나의 찻주전자일지라도 그것을 한낱 '대상'으로 취급하거나 아니면 제3인칭 이를테면 '그것은' '그것들은'으로 가리켜 서술할 수 있는 '타자'가 아니다.

그러니까 찻주전자라는 한낱 사물이라도, 다만 그것을 바라보는 제1인칭 서술자의 주관적 관점에 따라 또는 제3인칭의 객관적 관찰자 시선으로 서술할 수 있는 '대상'이나 '타자'가 아니다. 그렇게 한 개체 생명이든 사물이든 각기 그 자신이 지니고 있을 체험과 생각 그리고 그에 따르는 감정을 그대로 살려서 서술하는 자를 토카르추크는 제4인칭의 '다정한 서술자'라고 이름한다. (221002)

2.

하나의 버려진 찻주전자 그는 세상에 있는 우연한 동료 이를테면 인간 존재와 함께 우주의 영원한 흐름에 참여하는 한 조각의 오래된 기억체 $x$이다. 그는 그 자신의 끝없는 이야기의 주인공으로서 부족함이 없는 주관과 역사를 가진 존재이다.

그렇다면 '다정한 서술자'는 '영원의 기억을 품은 한 조각'인 찻주전자가 지니고 있을 태초로부터의 깊은 비밀을 온전히 다 풀어서 서술할 수 있을까?

찻주전자는 자신 안에 간직한 영원의 기억 한 조각으로서 행사하는 그의 주관과 그의 끝없는 이야기를 가진 하나의 주체이다. 그러므로 한낱 찻주전자일지라도 그가 태초로부터 품고 있을 한 조각 영원의 기억이 풀어놓을 이야기는 끝없이 이어질 수 있다. 다정한 서술자는 이 태초로부터의 기억 *x*를 되살려서 그의 끝없을 이야기를 풀어낼 수 있을까?

그러나 그렇게 태초로부터의 끝없는 이야기를 지녔을지라도, 그가 한 찻주전자이거나 한 인간이거나 그는 단지 영원의 한 조각 존재이므로 그의 한계를 넘어서 행사할 수 있는 전지전능한 주체는 아니다. 전지전능한 그런 절대의 주체라고 우리가 일컬으며 다가가려는 *X* 그는, 이 세상에 몸을 드러내서 한계지어진 한 조각 존재가 풀어놓을 이야기 또는 '다정한' 서술 가운데로 엮여 들일 수 있는 존재가 아니다.

그렇다면 우리가 절대의 주체라고 일컬으며 다가가려는 그 존재 *X*는, 유한의 존재인 '다정한 서술자'가 펼치는 끝없는 이야기와 그 연결망 가운데로 끌어들이는 것이 가능한 일이 아니다. 그런데 토카르추크는 그 절대의 주체 *X*, 이를테면 이스라엘의 『구약』에서 떠오르는 '태초의 말씀'(Memra)으로 펼쳐지는 이야기에 접근하고 있다. (221003)

3.

토카르추크는 태초에 우주가 창조되고 모든 것의 역사가 시작하는 천지개벽의 이야기, 이른바 '태초의 말씀'에 관하여 서술하는 것이, 그의 '다정한 서술자'의 가능한 영역으로 전제하며 접근하는 실험을 한다.

"여러분은 성서에서 '태초의 말씀이 있었다.'라고 큰소리로 외친 놀라운 이야기꾼이 누구인지 궁금해 한 적이 있으십니까? 혼돈이 질서로부터 분리된 태초의 첫날을 기록한 그는 누구였을까요? 우주가 생성되는 일련의 과정을 추적한 인물. 신의 생각을 알고, 그의 의구심을 인지하고, 일말의 떨림도 없이 굳건한 필체로 종이 위에 '하느님이 보시기에 좋았더라.'라는 전례 없는 문장을 적어 놓은 인물. 감히 신의 생각을 미루어 짐작했던 그 서술자는 누구일까요?

모든 신학적 의문점은 제쳐두고라도 우리는 이 신비롭고 예민하며 다정한 서술자의 등장을 기적적이고 의미심장한 사건으로 평가할 수 있습니다. 그는 모든 것을 볼 수 있는 관점과 시각을 갖고 있었습니다. 모든 것을 본다는 것은 존재하는 모든 것이 서로 연결되어 하나의 전체로 결합된다는 궁극적인 사실을 인정한다는 의미입니다."(360쪽)[5]

그렇다면 '다정한 서술자'가 그의 예리한 투시력을 발휘할 때 그가 의도하는 대로 세상을 아니면 우주를 하나로 꿰뚫는 전체 연결망으로 엮어서 서술할 수 있을까? 어떤 인간적 다정한 서술자라도 세상과 우주를 꿰뚫어 그 전체를 또는 그 모든 이야기를 서술하는 것이 가능한 일인가? 영원의 흐름 가운데 그의 몸을 드러낸 한순간 또는 한 시간대에 갇혀있는 피동적 존재 $x$의 자격으로 지니는 다정한 시선과 언어를 가지고 천지개벽의 태초로 거슬러 올라가 무엇을 '떠올리며' 서술할 수 있을까?

---

5) 올가 토카르추크, 『다정한 서술자』 최성은 옮김. 서울: 민음사, 2022.

> "인류의 보편적 사고방식은 고대 문명 이후 온갖 모양으로 부풀려진 언어와 기호 체계에 갇혀있다. 그러해서 고대 유대 전통의 야훼(YHWH) 신앙 이후 구약이 마감하는 시대에 이르기까지 그 메시지의 핵심으로 떠오르는 초월적 존재의 '역사(役事) 행위'로서 '태초의 말씀'(Memra)은, 인류 문명 이후 발달해온 언어와 기호 체계(λόγος)에 따르는 개념 정의 또는 범주 체계 가운데서 이해 불가능한 것으로 보인다.
>
> 초월적 존재 또는 신에서 비롯하는 '태초의 말씀' 곧 히브리 성서에서 전해오는 말씀 '멤라'(Memra)는 '세상 만물을 창조할 뿐만 아니라 그렇게 펼쳐지는 영원의 시간 가운데로 들어와서 역사(役事)하는 행위' 자체를 가리키는 것이다."[6]

'태초의 말씀'이란 인간의 모든 가능한 능력, 그의 모든 가능한 언어체계를 동원하더라도 접근할 수 있는 대상이 아닌 그래서 어떤 다정한 시선에 의해서도 포섭할 수 없는 절대 초월의 존재이다. '태초의 말씀'(Memra)에 따르는 태초의 사건과 역사는, 인간의 언어와 이해 능력 곧 '로고스'(λόγος)에 의존하는 '다정한 서술자'의 시선과 그 연결망으로써는 접근 불가능한 미지의 영역에서 움직이는 *X*이다.

> "그러므로 일상언어의 말본 체계 밖에서 움직이는 행위의 숨은 주체는 *X*로서 그리고 행위의 주체성을 양도할 순위의 [세상에 몸을 드러낸] 객체는 *x*로서 대표하는 것이다. 따라서 땅 위의 덧없는 모든 시간의 것 *x*가 그의 시간을 쉼 없이 심판하는 영원의 진행자 '*X*의 나라'로 합류해

---

6) 위의 ΣII.의 ii. "태초의 말씀은 말씀이 아니다"에서 따옴.

들어가고 있다고 말하는 것이다."[7]

(221005)

## 4.

제1인칭으로 행사하는 자기중심의 사고와 세계관이 난무하는 가운데 세상에 벌어지는 충돌 현상을 화해시키려는 시도와 시야를, 토카르추크의 제4인칭 곧 다정한 서술자에게서 그리고 코페르니쿠스의 탈(脫)-지구 중심 우주론에서 발견한다. 왜 16세기에 지동설을 주장했던 니콜라우스 코페르니쿠스(1473-1543)가 여기에 등장하는가? 코페르니쿠스는 그의 친구인 신학자 앤드류 오시앤더(Andrew Osiander)가 대변하는 서론 곧 『천체의 회전에 관하여』의 서론에서 다음과 같이 말한다.

"교황님께서는 제가 무슨 생각으로 수학자들의 통념이나 상식에 반하는 지구의 운동이라는 것을 감히 상상했는지 궁금하실 것입니다. … 수학자들의 연구 결과가 서로 일치하지 않기 때문에 저는 천체의 움직임을 다른 방법으로 정리하게 되었습니다. 태양과 달, 다섯 행성의 움직임에 대한 이론을 만드는 데 있어서 그들은 회전과 겉보기 운동에 대한 단일한 원리, 가정, 증명 등을 사용하지 않았습니다. 어떤 별들을 위해서는 동심원만을 사용하고, 또 다른 별들을 위해서는 이심원(eccentric)과 주전원(epicycle)을 사용하였으나, 그들이 찾던 것을 완전히 얻을 수

7) 위의 "마지막 한 마디: 왜 $x$의 신학인가?"에서 마디글 3. 참고.

는 없었던 것입니다."(15-16쪽)[8]

코페르니쿠스에 따르면 당시에 서로 모순 충돌하는 단편적 견해들은, 결국에 자신이 제안하는 한 단일하고 전체적인 우주관의 부분들로 포섭 설명할 수 있다는 것이다. 그는 천체 회전에 관한 본론에서도 자신의 대안이 모순 충돌하는 단편적 견해들을 하나의 연결망으로 아우르며 화해시키고 있음을 다음과 같이 말한다.

> "지구가 운동한다는 것에 모순되는 것은 아무것도 없으므로, 나는 이제 우리가 지구에 하나 이상의 움직임이 있는지를 살펴보고 지구가 행성의 하나로 간주될 수 있는지를 알아보아야 할 것이라고 생각한다. … 나 자신은, 중력 또는 무거움이라는 것은, 우주의 부분들이 각각 떨어지지 않고 그 단일성과 전체성을 간직하며 구체로 모일 수 있도록 각 부분에 부여된 어떤 자연적인 욕구일 뿐이라고 생각한다."(41-42쪽)[9]

코페르니쿠스는 당시 한창이던 르네상스 문화의 중심지인 이탈리아에서 학습 연구하면서도 역시 제3지대 곧 폴란드 출신으로서 가질 수밖에 없는 제4인칭의 시선을 가지고 대안의 서술 방법을 추구하고 있었다.

---

8) 니콜라우스 코페르니쿠스, 『천체의 회전에 관하여』 민영기, 최원재 옮김. 서울: 서해문집, 1998.

9) 니콜라우스 코페르니쿠스, 『천체의 회전에 관하여』 민영기, 최원재 옮김. 서울: 서해문집, 1998.

그렇게 토카르추크의 『다정한 서술자』와 코페르니쿠스의 『천체의 회전에 관하여』는, 주변 지대에 놓여 있는 이방인으로서 세상에 난무하며 서로 충돌하는 힘센 제1인칭 서술자들의 주관적 관점과 편협함에 대해 거리를 지키며 대안의 서술 방법을 찾는 하나의 문제의식을 공유하고 있다. (221006)

5.

지난 C.E. 10세기 이후 1,000년의 긴 세월에 걸쳐 투르크, 스웨덴, 독일, 러시아 같은 강대 세력들로부터 침공당해온 폴란드라는 역사적 주변 지대 출신으로서 토카르추크와 코페르니쿠스가 공유하며 사색한 문제 또는 과제에서 우리는 무엇을 발견하는가? 그들은 시대와 전공을 현격히 달리하면서도 주변의 강대 세력들이 제1인칭 관점과 세계관을 행사하는 횡포에 저항하며 화해하기 위한 보다 보편적 그리고 탈(脫)주관적 세계관을 추구하려는 데서 일치한다.

고대 그리스 고전 시대와 중국의 선진시대(先秦時代)에서 비롯하는 동서양 문명의 주류를 지배했던 철학적 세계관도 역시 거의 모두 제1인칭 자기중심의 세계관으로서 강력한 주관의 팽창력을 감지하게 하는 것이다. 그들이 선전하는 완강한 주관적 세계관은, 바로 그 세계관 너머에서 펼쳐지는 참 실재 세계와 우주를 외면하거나 배제한 채 이른바 고도근시(高度近視)에 스스로 갇혀있다고 할 만한 것이다. 이는 팽창하는 그들의 자아 영토 가운데로 그들 주변의 세계와 우주를 잡아들여 삼키는 게걸스러운 제1인칭의 관점과 세계관에 스스로 빠져 있음이다.

이렇게 세계와 우주를 삼킬 듯한 인간 주관의 제1인칭 관점에 대하여 20세기 과학철학의 비판적 이론가 칼 포퍼(1902-1994)는 다음과 같이 말한다.

> "대담한 발상, 근거 없는 예상, 상상의 유희는 자연을 해석하기 위한 우리들의 유일한 수단이다. … … 실험이라는 것은 [인간적 자의를 격파 제거하려는 계획에 따라] 그 절차가 인도되고 있는 계획된 행위이다. 그 행위를 취하는 자는 우리들이다. … 자연을 향해 던지는 질문은 언제나 우리들이 만들어낸다."(p. 280)[10)]

포퍼에 따르면, 인간 주관의 자의적 해석을 제거 초월하기 위한 온갖 모험적 실험 자체가 '자연을 향한 인간의 물음'이다. 그리고 인간의 물음에 따라 자연의 대답은 달라진다. 그러므로 자연 또는 우주 자체 곧 '물 자체'가 품고 있을 미지의 그것 *x*가 무엇인지 확인할 수 있는 어떤 과학적 방법이 없다. 그래서 20세기 과학철학 발전의 정점을 마감하는 폴 파이어벤트(1924-1994)는 자연 또는 우주라는 실재 자체는 인간의 자의적 상상 밖에서 움직이고 있다는 결론을 내리고 있다.

> "우리들이 몸을 의탁하고 있는 [실재하는] 세계는, 우리들이 제멋대로 행하는 [이를테면 추상적 이론과 그의 실험 같은] 상상 활동의 한계 밖으로 넘쳐나가서 보이지 않는다. … … [그렇게 실재하는 전체 세계를 보이지 않게 내버린] 다음에 남은 [인간적 상상의] 것들을 '실재하는' 것이라고 [잘못] 지정하는데, 그 남은 [인간적 상상의] 것들이, [오히

---

10) Karl Popper, ***The logic of scientific discovery***, rev. ed., NY: Harper & Row, 1965.

려 실재하는] 전체보다 더 중요하게 여겨진다는 데에 문제가 있는 것이다."(pp. 3-5)[11]

그러므로 인간적 자의로부터 탈출하기 위해 끊임없는 상상의 실험을 하는 과학자들이나 그들에 덜하지 않게 주관적 자의로부터의 탈출 모험을 감행하는 행위예술가 또는 제4인칭의 예술가들이나 다 함께 '태초의 말씀' 곧 *X*를 향한 도달 불가능한 도전을 하고 있음이다.

그럼에도 제3지대의 학자와 지식인들은, 강대 세력들이 그들만의 인간적 상상에 의한 주관적 발상으로 펼치는 제1인칭의 방법론과 세계관을, 마치 자신들이 스스로 생각해낸 사상이나 이데올로기인 것처럼 체화(體化)해서 추종하는 대리 투쟁을 하고 있다. (221007)

6.

20세기에 제2차 세계대전과 6.25전쟁을 겪은 한국인의 세계관에도 주변의 강대 세력들이 충돌하는 현장의 생생한 체험과 관찰이 관여하고 있다. 그래서 대다수의 지식인들은, 그때그때 지배적인 강대 세력들이 밀고 들어와 전하는 사상과 그에 따르는 이데올로기에 종사하며 서로 온갖 방면에서 대리전쟁을 벌인다.[12]

---

11) Paul Feyerabend, ***Conquest of abundance: A tale of abstraction versus the richness of Being***, ed. Bert Terpstra. Chicago: The University of Chicago Press, 1999, 2001.

그리고 다시 거슬러 올라가면, 16세기 말에서 17세기에 걸친 임진란 그리고 병자란 때에도 사대부 학자들이 제각기 추종하는 열강의 사상과 이념에 따라 서로 충돌 대립하는 가운데 한 국가의 진로가 혼란을 겪으며 자체 분열하는 상황을 연출하기도 했다.[13)]

이렇게 제3지대의 역사적 상황에 빠져 헤매는 주변의 학자 지식인들에

---

12) 20세기 한국을 대표하며 철학자라고 불렸던 분들도, 대개 서양철학사 아니면 중국철학사에 등장하는 뛰어난 사상가들 이를테면 플라톤이나 하이데거, 노장(老莊)이나 공맹(孔孟) 아니면 그때그때 꽃피웠던 시대사조 이를테면 포스트모던 사조나 성리학(性理學)을 전공 분야로 삼아 거기에 일생을 바치는 것이 관행이다. 그리고 그 외래의 어떤 사조와 철학자의 세계관을 자기의 것처럼 뒤집어쓰고 서로 분파를 만들고 논쟁하기를 일삼는다.

13) 한국 전란의 오랜 역사에서 가장 두드러진 자체 분열 분파의 상황(2) 가운데 하나는 병자란 당시에 조정에 참여했던 사대부 학자들이 주화파와 척화파로 갈라져서 사상 이념적으로 서로 분열 분쟁하던 사태(1)였던 것으로 보인다.

(1) "[청(淸)의 침공으로] 전쟁이 일어날 것이 '기정사실'처럼 굳어지는 와중에 조정에서는 척화파와 주화파 사이의 대립과 함께 청의 침략에 대비한 군사적 대책 등 각종 현안들에 대한 변통론이 활발히 개진되었다. 특히 척화론자들은 중화주의(中華主義)와 화이론(華夷論)에 기초한 대명의리론(對明義理論)을 절대적 진리로 전제하고 주화론이 군부를 불의한 지경으로 빠뜨리고 있다고 맹렬히 비난했다."(147-148쪽) 한명기, 『정묘 병자호란과 동아시아』 서울: 푸른역사, 2009.

(2) "17세기부터 18세기에 걸친 정치사는 소위 당쟁으로 날을 지새웠다고 해도 과언이 아니다. … … 북인, 남인, 노론, 소론을 사색당파라고 부른다. 대다수의 양반, 지식인은 사색당파 어딘가에 속해 스스로 속한 당파가 정계의 주도권을 장악하도록 하기 위해 당쟁의 소용돌이에 몸을 던진 것이었다."(235-238쪽) 기시모토 미오, 미야지마 히로시, 『조선과 중국, 근세 오백 년을 가다』 김현영, 문순실 옮김. 서울: 역사비평사, 2003.

게 토카르추크와 코페르니쿠스는 어떤 메시지를 전하고 있는가?

코페르니쿠스는 천체 회전에 관한 혁명적 대안으로서 지구는 그 자체가 회전할 뿐 아니라 동시에 태양을 중심으로 회전하는 하나의 행성일 뿐이라고 했는데, 이를 따라 철학적 세계관에서도 코페르니쿠스적 혁명을 하겠다고 독일 철학자 이마누엘 칸트(1724-1804)는 선언했었다. 그러면서 그는 인간 자신이 고유하게 지닌 '선험적' 범주 체계와 직관 형식을 중심으로, 인간 자신이 의탁하고 있는 세계 질서가 이루어진다고 말하고 있다. 코페르니쿠스 스타일의 혁명을 따라 하겠다는 선언이, 여전히 자기중심의 독단적 세계관을 재연 반복하고 있을 뿐이다. 칸트는 그가 스스로 잡혀있는 제1인칭의 세계관을, 어떻게 제4인칭의 세계관으로 전환해야 하는지를 이해하지 못한 것이다. 독일 철학자 칸트는 역시 토카르추크와 코페르니쿠스의 제4인칭 혁명으로 이루는 세계관을 이해하기에 미달하는 단계에 놓여 있었다.

그렇다면 세계의 강대 세력들이 전하는 자기중심의 제1인칭 사상과 이념에 휩쓸려서 서로 분열하며 분파를 이루어 충돌하는 제3지대 상황에서 어떻게 탈출해서 제4인칭의 세계관 그리고 더 나아가 장차 인류 생존의 뿌리로 회귀하는 '참으로 다정한' 존재론적 혁명에 이를 수 있겠는가? 제3지대 출신의 한 예술평론가는 제4인칭의 세계관을 다음과 같이 풀이하고 있다.

> "제4인칭의 시각적 전망이란 어떤 것인가? 전통적으로 그것은 전지적(omniscient) 시각을 뜻하는 것이었다. 그것은 흔히 지구 밖에서 불편부당하게 바라보는 신적 존재를 연상시켰다. 그래서 제4인칭 관점은 세

계를 그 위에서 내려다보는 시선으로 묘사되었다."

"[그러나] 실은 제4인칭 관점은 조각들이 모여서 만드는 모양(collage)과 같은 것이다. 이를테면 큐비즘(cubism)에서처럼 여러 다른 시선의 조각들이 모여서 하나의 고유한 조합을 이루어내는 것이다. 그러니까 그것은 위에서 내려다보는 한 높은 시각이 아니라 여러 다른 시각들이 모인 자체 안에서 스스로 제4인칭 시각의 모양을 만들어내는 것이다."[14]

이렇게 여러 다른 시선을 가진 조각들이 모여서 하나의 고유한 전체 조합이 이루어진다는 제4인칭의 서술 관점을, 이미 토카르추크는 찻주전자와 그의 동료인 찻잔, 설탕통, 차 탁자, 깨어진 찻주전자에서 피어오르는 꽃, 그리고 바뀌는 찻주전자 주인과 손님들이 펼치는 제각각의 이야기들이 서로 엮이며 모여서 하나의 화해하는 전체 질서가 이루어지는 모양으로 보여주고 있다.

그런데 이러한 제4인칭 또는 다정한 서술자가 보여주는 화해하는 전체 질서는, 우리 인류가 의탁해 살고 있는 자연 또는 우주의 전체 질서와는 어떤 관계로 엮이는가? 우리는 폴란드라는 제3지대 출신으로서 생각하는 토카르추크와 코페르니쿠스의 혁명적 대안의 참뜻을 다시 음미하기 위하여, 20세기 또 하나의 제3지대를 대표하는 엘사 타메

14) David Koh, "The 4th Person Perspective: The Emergence of the Collective Subjective" https://medium.com/@CellestialStudios/the-4th-person-perspective-the-emergence-of-the-collective-subjective-5bb10302dd14

스가 분석하는 「전도서」의 문맥과 그에 따르는 결론을 되새길 필요가 있다.[15]

> "날 때가 있으면 죽을 때가 있고, 심을 때가 있으면 뽑을 때가 있다. … … 사랑할 때가 있고 미워할 때가 있으며 전쟁할 때가 있고 평화할 때가 있느니라"(「전도서」 3:2-8)

> "각 문장은 무인칭(impersonal)으로 되어 있어서 **행위를 집행하는 주체도 없고 그 행위를 받는 객체도** 없다. 전도자 코헬렛은 출생과 죽음 [또는 전쟁과 평화] 같은 극적 시점에서도 아무도 개입할 여지가 없음을 지적하려는 것으로 보인다. … 실로 저 [「전도서」의] 시에서 하느님은 **행위의 숨은 주체**로서 등장한다."[16]

여기서 인간은 제1인칭 자격으로 행사하는 주어 주체로서 개입할 여지가 없으므로 그것을 다만 *x*로서 대표한다. 더구나 제1인칭 자격으로 심판하고 역사(役事)하는 초월의 존재도 그 자신을 결코 드러내지 않으므로 그래서 제4인칭 '다정한 서술자'의 대상일 수도 없으므로 *X*로서 받아들일 수밖에 없는 처지에 놓인다.

그래서 우리는 플라톤 이후 마르틴 하이데거에 이르기까지 인간이 창출

---

15) 아래의 두 문맥은 위의 한 단위 글 "마지막 한 마디: 왜 *x*의 신학인가?"에서 따온 것임.

16) Elsa Tamez, "Ecclesiastes: a reading from the periphery," ***Interpretation: A Journal of Bible and Theology***. Vol. 55, no. 3 (2001), 250-259.

하는 온갖 종류의 언어에다 모든 수준의 존재를 귀속시키려는 허구 창작을 경계해야 하는 이유에 도달한다. 이를테면 플라톤이나 하이데거가 시도했던 개념 분석과 그에 '따라 드러나는'(sich zeigende) 존재 위계이든 그 밖의 어떤 유의 언어 발견이든 그것은 '존재의 거처' 또는 '존재의 집'[17]이 될 수가 없다. 만약 그렇게 언어가 존재의 집이라면, 이런저런 이유로 자기의 언어를 박탈당했을 때 그들의 존재는 사라져버리지 않겠는가? 그렇다면 존재의 뿌리로서 주어진 '참 거처'는 어디에 있는가?

인간에게 주어지는 모든 수준의 존재 근거, '참 거처'는 결국에 온갖 유의 인간 언어가—그것이 제1, 2, 3인칭의 것이든 제4인칭의 것이든—폐기되는 '해석의 무덤'[18] 곧 $x$ 또는 $\mathcal{X}$로부터 유래하거나 아니면 $x$ 또는 $\mathcal{X}$에게로 합류 회귀해 가는 것이다.

그러므로 토카르추크와 코페르니쿠스가 꿈꾸는 바 세계 전체를 아우

---

17) 하이데거는 말년의 한 단편작에서 "언어는 존재의 집이다."(Die Sprache ist das Haus des Seins.)라는 말로서 그의 존재론적 사색의 결론을 밝혔다. 그렇다면 언어가 없다면 존재하는 것들과 존재 자체가 있을 거처로서 집이 없어지는 것이다. 이렇게 하이데거는 그 자신이 비판하며 해석하는 플라톤의 저작『소피스트』에서 '개념 분석과 그에 따르는 범주체계에 의지해서 존재의 위계를 구축하는' 인간 본위의 논리와 세계관을 현존재의 존재 개시(alétheia) 관계로 발전시킴으로써 더욱 심화해 가고 있다. Martin Heidegger, ***Basic writings***, ed. David F. Krell. (New York: Harper & Row, 1977) 특히 "Letter on Humanism"(pp. 193-242) 참고.

18) "$\mathcal{X}$는 $x$에 대하여 의미의 원천이라기보다는 무의미의 원천이고, 해석의 지평이라기보다는 해석의 무덤이기 때문이다."(52-53쪽) 김상환, "박동환의 $x$의 존재론과 개체성,"『$x$의 존재론을 되묻다』서울: 한국연구원, 2021.

르는 화해론은, 바로 그 여전한 인간 언어 중심의 연결망 너머에서 펼쳐지는 참으로 초월하는 자의 패권에 가로막히는 단계에 이른다. 그 단계에 이르면 인류의 자아 *x*가 펼치는 세상의 모든 이야기는 그것이 어떤 인칭의 것이라도 결국에 부재화하며 초월당함으로써 해석의 무덤 곧 '*X*가 심판하는 나라'로 합류한다.

"[그러므로] 땅 위의 덧없는 모든 시간의 것 *x*가 그의 시간을 쉼 없이 심판하는 영원의 진행자 '*X*의 나라'로 합류해 들어가고 있다고 말하는 것이다."[19)]

그렇다면 무엇이 다정한 서술자가 추구하는 제4인칭의 관점과 세계관이, 그 너머에서 펼쳐지는 우주의 흐름 곧 '*X*의 나라'에 가로막혀 어긋나도록 하는가? 그것은 우리가 마지막 최선의 것이라고 할 만한, 이를테면 제4인칭의 '다정한 서술자' 같은 방법을 완성하지 못했기 때문이 아니다. 토카르추크 그리고 코페르니쿠스와 함께 추구하는 우리의 마지막 최선의 방법과 그에 따르는 전체 질서, 바로 그것이 오히려 언제나 그 너머에서 펼쳐지고 있는 더 큰 전체 질서 곧 '*X*의 나라'를 볼 수 없게 가로막기 때문이다.

그래서 우리는 20세기 과학철학 발전의 한 정점을 이루었던 폴 파이어벤트의 한 마디를 다시 기억할 필요가 있다.

"우리들이 몸을 의탁하고 있는 [실재하는] 세계는, 우리들이 제멋대로

19) 앞의 마디글 3.에서 따옴.

행하는 [이를테면 추상적 이론과 그의 실험 같은] 상상 활동의 한계 밖으로 넘쳐나가서 보이지 않는다. 그렇게 추상적인 상상의 한계 밖으로 쫓겨난 실재하는 전체 가운데는 나무, 꿈, 해돋이, 천둥소리, 그림자, 강, 전쟁, 사랑, 인생, 은하계 같은 것들이 있다. … … [그렇게 실재하는 전체 세계를 보이지 않게 내버린] 다음에 남은 [인간적 상상의] 것들을 '실재하는' 것이라고 [잘못] 지정한다."(pp. 3-5)[20]

그렇게 인류는 그 자신이 제멋대로 펼치는 상상의 탐구와 세계관이라는 독단적 모험 안에 갇히게 된다. 인류 자신이 개척하는 그의 모든 가능한 상상과 탐구 그리고 그에 따르는 세계관 자체에 의해서 간과되고 무시당해 버려진 무한정한 영원의 *X* 그것이, 오히려 인류 자신이 개척하는 세계와 그의 진로를 가로막는 것이다.

여기서 '다정한 서술자'를 비롯한 모든 제4인칭의 방법과 세계관이 그 각각의 이야기를 부재화(不在化)하며 언제나 그 너머에서 펼쳐지는 영원의 흐름 곧 '*X*의 나라'로 초월해 들어가는 그림의 모양을 직시하게 되는 것이다.[21] (221016)

---

20) Paul Feyerabend, ***Conquest of abundance: A tale of abstraction versus the richness of Being***, ed. Bert Terpstra. Chicago: The University of Chicago Press, 1999, 2001.

21) "그러니까 '초월'은 스스로 하든 당하든, 일생에 할 수도 안 할 수도 있는 선택이 아니다. 초월은 결국에 피할 수 없는 자기 시간대의 붕괴 절차이다. 그래서 다가오는 죽음은 한 일생의 피할 수 없는 마지막 과제로서 주어지는 자기 시간대의 붕괴, 그러한 자기 부재화(不在化)로써 이루는 자기 자신의 초월이다. 죽음은 자기 자아의 해체가 아니라 자기 자신을 초월함이다. 그렇게, 초월은 운명이다."(110쪽) 『야생의 진리』 고양, 경기: 사월의책, 2021.

# 참고자료

아래에 종류에 따라 묶어놓은 참고 자료 5가지는 대략 그 각기의 직간접 순위에 따라 앞에서 뒤로 미루어 늘어놓음.

---

Amzallag, Nissim, "Yahweh, the Canaanite God of Metallurgy?," ***Journal for the Study of the Old Testament*** Vol. 33. no. 4. pp. 387-404.

Asa, Robert, "The faith of a skeptic: the enigma of Ecclesiastes," ***Journal for the Liberal Arts and Sciences***, Vol. 13. no. 3. (2009) http://www.oak.edu/assets/ck/files/Asa+(SU+09).pdf

Atherton, Patrick, "The city in ancient religious experience," ***Classical Mediterranean Spirituality***, ed. A. H. Armstrong. New York: Crossroad, 1989.

Balsa-Barreiro, J., et al. "Deglobalization in a hyper-connected world," ***Palgrave Commun*** 6, 28. (2020) https://doi.org/10.1057/s41599-020-0403-x.

Cullman, Oscar, "Immortality of the soul or resurrection of the death?" ***Religion Online***. http://media.sabda.org/alkitab-2/Religion-Online.org%20Books/Cullmann,%20Oscar%20-%20Immortality%20of%20the%20Soul%20or%20Resurrection%20of.pdf

Feldman, Louis H. , "Hebraism and Hellenism reconsidered," ***Judaism*** vol. 43,no. 2. (1994) pp. 115-126.

Gault, Brian P. , "A reexamination of 'Eternity' in Ecclesiastes 3:11," ***Bibliotheca Sacra*** 165. (2008) pp. 39-57.

Huang, C.-T. James, "On the distribution and reference of empty pronouns," ***Linguistic Inquiry***, vol. 15, no. 4 (Autumn 1984), pp. 531-574.

Kale, Sudhir, & Natalina Zlatevska, "Globalization, reterritorialization, and marketing," ***The Journal of Internationalization and Localization***, Vol. 1 (2009), pp. 150-167.

Koh, David, "The 4th Person Perspective: The Emergence of the Collective Subjective" https://medium.com/@CellestialStudios/the-4th-person-perspective-the-emergence-of-the-collective-subjective-5bb10302dd14

Mark, Joshua J. , "Yahweh," ***World History Encyclopedia***. Oct. 22, 2018.

Martin, Luther H. , "The anti-individualistic ideology of Hellenistic culture," ***Numen***, Vol. 41, no. 2. (May 1994)

Pinker, Aron, "Ecclesiastes Part II: Themes," ***Jewish Bible Quarterly***. Vol. 41. no. 3. (July 2013) pp. 163-170.

Pinker, Aron, "Meteorological views in Qohelet 1:6-7," ***Old Testament Essays*** Vol. 25. no. 2. (2015) pp. 383-405.

Struckmeyer, Kurt, "How Yahweh met Elohim and created the world," ***Following Jesus: a life of faith in a postmodern world***. May` 22, 2015.

Szerszynski, B. , "The end of the end of nature: The Anthropocene and the fate of the human," ***Oxford Literary Review***, Vol. 34 no. 2. (2012) pp. 165-184.

Tamez, Elsa, "Ecclesiastes: a reading from the periphery," ***Interpretation: A Journal of Bible and Theology***. Vol. 55, no. 3. (2001) pp. 250-259.

Toth, Viktor J. , "The Role of Memra in Ditheist Jewish Beliefs," ***Fuller Theological Seminary***, Feb. 2021.

Walsh, Carey, "Iconic presence: A Marion reading of contesting biblical theophanies," ***The Heythrop Journal***. LVI. (2015) pp. 87–98.

Wynne, Alexander, "Early Evidence for the 'no self' doctrine? A note on the second anātman teaching of the Second Sermon," ***Thai international journal for Buddhist studies***, Vol. I. pp. 59-79.

"The Word of God in the Words of Men" https://www.ligonier.org/learn/devotionals/word-god-words-men

---

Barth, Karl, ***The doctrine of the word of God*** (Prolegomena to Church Dogmatics, being Vol. I, Part I), trans. G. W. Bromiley, Edinburgh: T. & T. Clark, 1936, 1975, 1980.

Barth, Karl, ***The epistle to the Romans***, trans. E. C. Hoskyns, Oxford: Oxford University Press, 1933, 1968.

Bundvad, Mette, ***Time in the Book of Qohelet***. Ph. D. thesis. Submitted to the Faculty of Theology, University of Oxford. 2012.

Bundvad, Mette, ***Time in the Book of Ecclesiastes***. Oxford: Oxford University Press, 2015.

Crenshaw, James, ***Qoheleth: the ironic wink***, Columbia, South Carolina: The University of South Carolina Press, 2013.

Crossan,, John Dominic, ***Jesus: A revolutionary biography***. New York: HarperCollins, 1995, 2009. 아래의 한국말 번역판 참고. 존 도미닉 크로산,『예수: 사회적 혁명가의 전기』 한국기독교연구소, 2007.

Eaton, Michael A. , ***Ecclesiastes***, Nottingham, England: Inter-Varsity Press, 1983, 2009.

Feyerabend, Paul, ***Conquest of abundance: A tale of abstraction versus the richness of Being***, ed. Bert Terpstra. Chicago: The University of Chicago Press, 1999, 2001.

Groddeck, Georg, ***The World of Man***, Authorized trans. V. M. E. Collins. London: Vision Press, no date.

Hauber, Ulrich A. , ***Essentials of zoology***, New York: Appleton-Century-Crofts, 1949.

Heidegger, Martin, ***Basic writings***, ed. David F. Krell. New York: Harper & Row, 1977.
Hume, David, ***A treatise of human nature***, ed. L. A. Selby-Bigge, Oxford: Oxford University Press, 1888, 1965.
Jaynes, Julian, ***The Origin of Consciousness in the Breakdown of the Bicameral Mind***. Boston: Houghton Mifflin Co., 1976,
Kalupahana, David J. , ***Causality: the central philosophy of Buddhism***, Honolulu: The University Press of Hawaii, 1975.
Kolbert, Elizabeth, ***The Sixth Extinction: An Unnatural History***. New York: Henry Holt & Co., 2014.
LeDoux, Joseph, ***Synaptic self: how our brains become who we are***. London: Penguin Books, 2002. 조지프 르두, 『시냅스와 자아: 신경세포의 연결방식이 어떻게 자아를 결정하는가?』, 강봉균 옮김, 파주: 소소, 2005
Levi-Strauss, Claude, ***Tristes Tropiques***. trans. J. Weightman & D. Weightman. Penguin Books, 1973, 2012.
MacMahon, Hugh, ***The scrutable oriental***. Seoul: Sejong Corporation, 1975.
Margulis, Lynn, and Dorion Sagan, ***Microcosmos: Four Billion Years of Evolution from Our Microbial Ancestors***. Berkeley, California: University of California Press, 1986, 1997.
Niebauer, Chris, ***No Self, No Problem: How Neuropsychology Is Catching Up to Buddhism***. n.p. Hierophant Publishing, 2019.
Nietzsche, Friedrich, ***The will to power***. trans. W. Kaufmann & R. J. Hollingdale, New York: Vintage Books, 1968.
Nietzsche, Friedrich, ***Beyond good and evil***. trans. R. J. Hollingdale, Penguin Books, 1973.
Popper, Karl, ***The logic of scientific discovery***, rev. ed., NY: Harper & Row, 1965.
Randall Jr., John H. , ***Hellenistic ways of deliverance and the mking of the Christian synthesis***. New York: Columbia University Press, 1970.
Rubin, Jay, ***Making sense of Japanese***. New York: Kodansha, 1998, 2012.
Sartre, Jean-Paul, ***The transcendence of the ego***. trans. F. Williams & R. Kirkpatrick. New York: Farrar,The Noonday Press, 1957.
Theissen, Gerd, ***Sociology of Early Palestinian Christianity***. trans. Philadelphia: Fortress Press, 1978. & Published under the title, ***The First Followers of Jesus***, by SCM Press, London, 1978.
Whybray, R. N. , ***Ecclesiastes***. Sheffield, England: Sheffield Academic Press, 1989, 1997.
***The Bhagavadgita***, 2nd ed., trans. & notes. S. Radhakrishnan, London: George Allen & Unwin, 1949.

---

김신승, "바리새파 이해와 예수 신학" (https://blog.naver.com/jim2008/110106395123)

조재형, "그리스 종교와 철학의 관점에서 살펴본 신약성서의 영혼의 여행," ***Canon& Culture***. 제15권 제1호. (2021) 219-249쪽.
가스펠투데이 (http://www.gospeltoday.co.kr)
뉴스앤조이. 2014.06.04.
"야훼," ***namu.wiki***. 2021.12.26.
안데르센, 한스 크리스티안, 『안데르센 동화 123 가지 - I』 한국어린이문화연구소, 2006, 2012.
채은하, 『전도서』 서울: 한국장로교출판사, 2013.
코페르니쿠스, 니콜라우스, 『천체의 회전에 관하여』 민영기, 최원재 옮김. 서울: 서해문집, 1998.
토카르추크, 올가, 『다정한 서술자』 최성은 옮김. 서울: 민음사, 2022.
헹엘, 마르틴, 『유대교와 헬레니즘 2』 박정수 옮김. 파주, 경기: 나남, 2012.

---

기시모토 미오, 미야지마 히로시, 『조선과 중국, 근세 오백 년을 가다』 김현영, 문순실 옮김. 서울: 역사비평사, 2003.
이기동, "목은(牧隱)의 사상과 한국 유학의 세 흐름," 『韓國思想과 文化』 제25집. 2004.
『論語』
『孟子』
『王陽明 全書』 卷 2. 그리고 卷 21.
楊國榮, 『陽明學 通論』 송하경 옮김. 서울: 박영사, 1994.
張光直, 『신화, 미술, 제사』 이철 옮김. 서울: 동문선, 1990, 1995.

---

김상원 외, 『$x$의 존재론을 되묻다』 고양, 경기: 사월의책, 2021.
김영황, 『문화어문장론』 평양: 김일성종합대학출판사, 1983.
리귀배, 『조선어문법리론』 연길: 연변인민출판사, 1989.
ㅂㄷ, 『안티호모에렉투스』 (초판 2001) 고양, 경기: 사월의책, 2017.
ㅂㄷ, 『$x$의 존재론』 고양, 경기: 사월의책, 2017.
ㅂㄷ, "$x$의 존재론을 다시 풀이함: 영원의 매체 '제1 언어'에 대하여," 『사회와 철학』 제26집 (2013). 사회와철학연구회.
ㅂㄷ, 『진리의 패권은 사람에게 있는 것이 아니다』 고양, 경기: 사월의책, 2019.
ㅂㄷ, 『야생의 진리』 고양, 경기: 사월의책, 2021.
한명기, 『정묘 병자호란과 동아시아』 서울: 푸른역사, 2009.
허웅, 『국어학: 우리말의 오늘, 어제』 서울: 문화사, 1983, 1993.

# 찾아보기

'*x*의 신학'에 이르는 굽이진 징검다리의 긴 이미지에 관련한 풀이말들을 아래에 늘어놓음.

---


1.

동서의 문명이 충돌하는 헬레니즘 시대 …… **14**, **25**, **31-32**, 69, **84**, **99**, **104-106**, **139**
세계화와 지역화 …… **24-26**, **152-153**
야훼(YHWH)가 아닌 엘로힘(elohim)이 떠오르는 '중간시대' …… **14**, **68**, 73, 83, **85**, 90, 147-148
태초의 말씀(Memra) / 사람의 말씀(Logos) …… **127**, **130-133**, 136, 138, **141-142**, **175-177**

2.

제4인칭의 '다정한 서술자'가 다가가는 '태초의 말씀' …… **173-177**
제4인칭에 머무는 천인합일(天人合一) / 천인무간(天人無間) …… **123-124**
제1, 2, 3인칭으로 사람 본위의 말씀이 …… 178, **180-182**
자아 수양론(自我 修養論) …… **113**, **123**

3.

코페르니쿠스적 혁명에서 찾는 행위의 절대 주체 *X* …… **131**, **178-180**, 184, 185, 188
해석의 무덤으로서 절대 객관 *X* …… 21, **89**, 181, **187**
무인칭(無人稱)으로 움직이는 *X* 그리고 주변의 *x*들 …… **48**, 168, 186

4.

영원의 한 조각 분신 *x* / 개체성 *x* …… **35-36**, 44, 46, **162**
'자아' '나'라는 언어적 허구 …… **159**, **162**
'자아 없음'(no-self; 無我)에서 '자아 아님'(not-self)으로 …… 37, **158-161**
주어 또는 임자말 생략의 동기 / 미지의 *X*에게 귀 기울임 …… **41-46**

5.

인생과 자연 / 시간과 영원의 관계 …… **14**, 16, 31, 47, **49**, 93
지질학적/우주적 시간대를 이끄는 *X* …… **18**, 21, **26**, 77-78, 80
*x*가 *X*로 소멸 초월하는 / 화해 합류하는 '내 나라' …… **19**, 49, **67-68**, 108-109, **150-151**, **157**

6.

*X*가 심판하는 '내 나라' …… **138**, **149**, 151, 153, **165**, 167, **188**
모든 행위의 숨은 절대 주체 *X* …… **168-169**, 177, **186**